A PRODUÇÃO DE SUBJETIVIDADE DOCENTE E O ADOECIMENTO DE PROFESSORES

Editora Appris Ltda.
1.ª Edição - Copyright© 2023 da autora
Direitos de Edição Reservados à Editora Appris Ltda.

Nenhuma parte desta obra poderá ser utilizada indevidamente, sem estar de acordo com a Lei nº 9.610/98. Se incorreções forem encontradas, serão de exclusiva responsabilidade de seus organizadores. Foi realizado o Depósito Legal na Fundação Biblioteca Nacional, de acordo com as Leis nos 10.994, de 14/12/2004, e 12.192, de 14/01/2010.

Catalogação na Fonte
Elaborado por: Josefina A. S. Guedes
Bibliotecária CRB 9/870

F314p
2023
	Felicio, Samantha Carvalho
	    A produção de subjetividade docente e o adoecimento de professores / Samantha Carvalho Felicio.
	    1 ed. – Curitiba : Appris, 2023.
	    169 p. ; 23 cm. – (Educação. Políticas e debates).
	
	    Inclui referências.
	    ISBN 978-65-250-5273-1
	
	    1. Professores. 2. Saúde mental. 3. Doenças mentais. 4. Estresse ocupacional. I. Título. II. Série.
	
	                                                    CDD – 370.711

Livro de acordo com a normalização técnica da ABNT

Appris
editora

Editora e Livraria Appris Ltda.
Av. Manoel Ribas, 2265 – Mercês
Curitiba/PR – CEP: 80810-002
Tel. (41) 3156 - 4731
www.editoraappris.com.br

Printed in Brazil
Impresso no Brasil

Samantha Carvalho Felicio

A PRODUÇÃO DE SUBJETIVIDADE DOCENTE E O ADOECIMENTO DE PROFESSORES

FICHA TÉCNICA

EDITORIAL	Augusto V. de A. Coelho
	Sara C. de Andrade Coelho
COMITÊ EDITORIAL	Marli Caetano
	Andréa Barbosa Gouveia - UFPR
	Edmeire C. Pereira - UFPR
	Iraneide da Silva - UFC
	Jacques de Lima Ferreira - UP
SUPERVISOR DA PRODUÇÃO	Renata Cristina Lopes Miccelli
PRODUÇÃO EDITORIAL	Jibril Keddeh
REVISÃO	Paulo Cezar Machado Zanini Junior
DIAGRAMAÇÃO	Bruno Ferreira Nascimento
CAPA	Carlos Pereira

COMITÊ CIENTÍFICO DA COLEÇÃO EDUCAÇÃO — POLÍTICAS E DEBATES

DIREÇÃO CIENTÍFICA **Andréa Barbosa Gouveia**

CONSULTORES

Amarildo Pinheiro Magalhães - IFPR	Magna Soares - UFRN
Ângela Mara de Barros Lara - UEM	Marcia Jacomini - USP
Angelo Ricardo de Souza - UFPR	Marcos Alexandre Santos Ferraz - UFPR
Cláudia Cristina Ferreira - UEL	Maria Dilnéia Espíndola - UFMS
Dalva Valente - UFPA	Maria Vieira Silva - UFU
Denise Ismênia Grassano Ortenzi - UEL	Marisa Duarte - UFMG
Edcleia Aparecida Basso - UNESPAR	Nalu Farenzena - UFRGS
Fabricio Carvalho - UFPA	Odair Luiz Nadin - UNESP
Fernanda Coelho Liberali - PUC-SP	Regina Cestari - UCDB
Geovana Lunardi - UDESC	Rosana Evangelista Cruz - UFPI
Gilda Araujo - UFES	Rosana Gemaque - UFPA
Gladys Barreyro - USP	Savana Diniz - UFMG
Juca Gil - UFRGS	

INTERNACIONAIS

Fernanda Saforcada – Universidade de Buenos Aires - Argentina

Gabriela Vilariño – Universidade de Lujan - Argentina

Jorge Alarcón Leiva – Universidade de Talca - Chile

Rosa Serradas Duarte - Universidade Lusófona de Lisboa - Portugal

Para minha Lara.

AGRADECIMENTOS

Este livro é sobre professores. É impressionante o lugar destes profissionais em nossas vidas! Mesmo depois de tantas transformações, eles preservam em seu cotidiano um afeto diferenciado, um misto de admiração e carinho. Por este trabalho agradeço principalmente à minha querida professora Lilia Lobo, por todo o carinho que não consigo descrever... Como uma professora faz diferença na vida de uma aluna. Agradeço imensamente sua generosidade e as lições de vida e de profissão!

A Ester Arantes, sempre com seu sorriso, sua alegria e inteligência, pôde contribuir demais com este trabalho.

A Maria Helena Rego Monteiro, uma referência na psicologia escolar, uma querida, que sempre disponível pode muitas vezes conversar na sala dos professores sobre algumas dúvidas e inculcações, contribuindo nestas encruzilhadas teóricas que de tão complexas fundem qualquer cuca!

A querida Fernanda Insfran, por sua disponibilidade, inúmeras contribuições e por sua maneira de ver o trabalho que foram absolutamente fundamentais.

A Danishi Mizogushi, pelo modo único que leu este trabalho, amor fati.

A querida Kátia Aguiar, por sua alegria e parceria! Por contribuir tanto com este trabalho e com suas precisas intervenções que colaboraram imensamente com esta construção!

Agradeço especialmente à minha filha Lara, que tantas vezes viu sua mãe no computador e mergulhada em livros, no final da jornada do livro sempre dizia: — "acho que quando minha mãe acabar vamos poder brincar mais!". Respondo a ela: — "sim, filha! Nós vamos!".

À minha família, à minha mãe, principalmente! Por todos os nascimentos que me proporcionou. Minha primeira professora que me ensinou a ler e gostar de estudar! Às minhas irmãs Samyra e Sumaya, por dividirem comigo a jornada da vida e serem tão amorosas e parceiras.

Agradeço especialmente ao meu querido pai que ficaria imensamente orgulhoso deste momento!

Aos Bettamio Andrade, especialmente queridos Guilherme, Vera e Hélcio. Generosidade imensa de ser família durante tanto tempo. Amo vocês!

Aos professores Aluana, Flávia, Gisele, Maria, Graça, Fabiana, Júlia e Rodrigo! Vocês foram fundamentais para este trabalho! Quanta generosidade!

À querida professora Silvana Mendes, por sua disponibilidade, por me ouvir e me indicar alguns caminhos que possibilitaram o desenvolvimento deste trabalho.

Agradeço aos colegas da Formação Livre em Esquizoanálise, principalmente a Eduardo Passos, Regina Benevides, Williana e André. Muita gratidão por tecer narrativas que muitas vezes ficam soltas na clínica.

Ao devir Pedro pelo afeto imenso.

Ao amigo Thyago Azevedo, que encontro maravilhoso neste final de jornada! Um verdadeiro sortilégio da vida encontrar uma sensibilidade tão aguçada!

A todos os meus amigos na Secretaria de Educação, pelas contribuições e parcerias de trabalho! Todos estão aqui representados de alguma maneira neste trabalho!

À minha querida amiga Maria, primeiro por nossa amizade de toda vida e depois por me levar na Faetec, me apresentar muitos professores que participaram desta pesquisa e sempre ouvir os progressos e problemas deste trabalho.

Agradeço ao chargista Carlos Latuff que gentilmente cedeu seu trabalho para ilustrar as narrativas presentes neste livro.

Aos colegas da SME, especialmente do PROINAPE, por viverem uma prática psicossocial nas escolas cariocas.

À Capes, que neste momento tão conturbado que vivemos na educação financiou este trabalho. Temos que trabalhar pelo incentivo à pesquisa em tempos de sucateamento extremo. Para concluir agradeço especialmente a todos os professores que foram entrevistados ou que participaram dos nossos grupos que possibilitaram a composição deste trabalho.

Não.

Nós não estamos andando para trás na Educação.

Porque lá atrás tínhamos Anisio Teixeira e o Manifesto dos Pioneiros pela Educação pública LAICA, gratuita e de qualidade;

Lá atrás tínhamos Paulo Freire alfabetizando camponeses em 45 dias;

Lá atrás tínhamos Heloisa Marinho formando professoras em saberes produzidos nas práticas;

Lá atrás tínhamos Darcy Ribeiro e os CIEPS;

Lá atrás, ah que saudade!!! Nós jovens professoras, tínhamos Regina Leite Garcia e Nilda Alves, Sonia Krammer e Magda Soares, tínhamos Frigotto, tínhamos Gentili... tínhamos tanta gente sendo luz de um novo caminho...

Lá atrás a esperança brilhava, o sonho ia aos pouquinhos abrindo caminho, na marra, na garra, na vontade...

Nunca estivemos nesse lugar.

Nunca a Educação brasileira esteve tão mal servida, mal gestada, mal orientada.

Nunca vi tamanho desmonte, tamanho deboche.

Não. Não estamos andando para trás.

Porque, apesar de toda luta, havia muito mais futuro no meu passado.

Só podemos contar com a coragem e valentia de nossas professoras...

Continuem segurando as portas de suas salas com firmeza! Não deixem o mal entrar!

(Andrea Serpa)

PREFÁCIO

A ESCOLA, O BRASIL E O MUNDO:
A SUBJETIVIDADE DOCENTE E AS DISPUTAS DO PRESENTE

Danichi Hausen Mizoguchi

Sabe-se que não são poucos os trabalhos que vinculam a Psicologia e a escola – com possibilidades múltiplas de problematizações, aportes teóricos, apostas metodológicas e indicações ético-políticas no cruzamento entre os domínios psi as instituições educacionais. A pesquisa que deu origem ao livro de estreia de Samantha Carvalho Felício, A produção de subjetividade docente e o adoecimento de professores, faz parte desta tradição – deste phyllum, deste arquivo, deste manancial acadêmico já vasto e sempre inacabado.

De Maria Helena Souza Patto a René Lourau, de Michel Foucault a Paulo Freire, de Philippe Ariès a Lilia Lobo, não são poucas as referências clássicas utilizadas com rigor para adensar as reflexões presentes na pesquisa da autora desde que era uma belíssima tese de doutorado pela Universidade Federal Fluminense. Porém, nas páginas que seguem, não há qualquer indício de simples reiteração ou reincidência. Com delicadeza, inventividade e coragem, Samantha, ao longo do livro, opera o necessário gesto de singularização sem o qual um livro não merece vir à luz.

Em primeiro lugar, porque faz uso irrestrito de seus mais de dez anos de experiência como psicóloga escolar no município do Rio de Janeiro – e sabe-se que não há experiência que seja passível de repetição. Experiência é um termo de origem latina (experiri) que significa experimentar. Per indica travessia, e o termo ex refere-se ao exterior. A experiência, portanto, é a passagem da existência em direção ao seu fora – na direção arriscada de tornar-se aquilo que ainda não é. Seu radical (periri) encontra-se também na palavra periculum, ou seja, perigo – e não parece trivial que na modulação germânica do termo, erfahrung, palavra, aliás, tão cara a Walter Benjamin, esteja contido o ato de viajar (fahr) e se derive, assim como no latim, o perigo (gefahr).

Não à toa, um grande filósofo já disse que experiência é qualquer coisa de que se sai transformado. Fazer uso da experiência como dispositivo de pesquisa, portanto, é, antes de qualquer coisa, como em uma viagem, colocar-se à mercê dos riscos de tornar-se outro. Muitos se esquecem que a experiência é algo que não se faz sozinho e fazem uso desta noção poético-metodológica para mergulhar em um narcisismo ensimesmado – involucrado, solipsista, deslumbrado consigo mesmo. Sem qualquer intenção exclusivamente retórica, tornar-se outro é algo que não se faz sem o outro.

Mais do que por um excesso de atividade – ou até de proatividade – a experiência é marcada por uma espécie de passividade receptiva – ou até hiper receptiva – que é índice, mais do que tudo, de um grau de abertura. Sabedora disso, Samantha não cai na cilada da interioridade confessional subjetiva e, da sua presença como psicóloga no ambiente educacional, extraí excertos daquilo que lhe chega para escutar não só a psicologia e a escola, mas as linhas de força delicadas e firmes que as compõem.

É, portanto, dos efeitos atuais de sua trajetória e de sua presença necessariamente inauditas que a autora extrai a matéria empírica bruta de onde produzirá diagnósticos e proposições não só para Psicologia, a escola e suas transversais, mas, também, e talvez sobremaneira, para as condições de possibilidade e expressividade para que sejam aquilo que atualmente são. Com esta colcha de retalhos narrativos, mais do que os ecos da instituição escolar strictu sensu, o que Samantha engendra de maneira muito sagaz é um retrato do Brasil contemporâneo – e eis aqui o segundo motivo pelo qual se pode chamar esse livro de delicado, inventivo e corajoso.

De pequenas enunciações supostamente desimportantes, de minúsculos comentários triviais, de diminutos apontamentos cotidianos, a autora consegue extrair um flash panorâmico da atualidade aterradora e assustadora dos últimos anos em nosso país. O avanço do ultraconservadorismo, que, de modo geral, no Brasil recente, vinculou o fascismo miliciano ao neoliberalismo radical e que se alastrou pelos mais diversos momentos de nossas vidas, sintetiza-se, no campo que interessa Samantha, no movimento Escola sem partido – o que, em outros termos, significa uma escola partidarizada à direita.

Se ao menos desde a publicação do clássico de Michel Foucault, Vigiar e punir, em 1975, já sabemos que a escola faz parte da sociedade disciplinar, talvez o que esteja em voga hoje, mais do que uma microfísica do poder – ou melhor, ao lado de uma microfísica do poder – seja uma microfísica da violência: um cenário de paixões tristes mediadas pela violência.

Mas não se pense que a analítica proposta do livro estanque aqui, com a detecção de nossa miséria existencial contemporânea. Italo Calvino já havia dito que, no meio do inferno, é preciso saber ver o que não é inferno, e a isso valorizar, e a isso abrir espaço. Em meio aos perigos da experiência brasileira do presente, Samantha sabe também encontrar a resistência – o que, no caso da escola, significa atentar às ocupações que a partir de 2016 tomaram conta das instituições formativas brasileiras. Em tempos sombrios, sensibilizar-se à ousadia e à imaginação política dos jovens secundaristas é um sinal de saúde ética, porque nos faz ver que sempre haverá algo a ser feito – e que mesmo nas situações mais duras de adoecimento social, a beleza da luta por outros mundos possíveis sempre se fará presente.

Se agora os tempos parecem um pouco melhores do que eram há pouquíssimo tempo, A produção de subjetividade docente e o adoecimento de professores é um livro que chega em ótima hora: ele não cessa de nos lembrar que, se é verdade que as intempéries da vida às vezes nos fazem querer esmorecer, o vívido da vida também nunca cessa de se insurgir e nos apresentar modulações belas para a existência – no mundo, no Brasil, na Psicologia ou na escola.

LISTA DE SIGLAS

CF Constituição Federal Brasileira.

CRE Coordenadoria Regional de Educação do Município do Rio de Janeiro.

EMC Educação Moral e Cívica.

ESP Escola sem partido.

MPF Ministério Público Federal.

Niap Núcleo Interdisciplinar de Apoio às Unidades Escolares do Rio de Janeiro.

PL Projeto de Lei.

Proinape Programa Interdisciplinar de Apoio às Escolas Municipais do Rio de Janeiro.

Seeduc Secretaria Estadual de Educação do Rio de Janeiro.

Sepe Sindicato Estadual dos Profissionais da Educação do Rio de Janeiro.

Smerj Secretaria Municipal de Educação do Rio de Janeiro.

SUMÁRIO

INTRODUÇÃO 21

1

PRODUÇÃO DE SUBJETIVIDADE DOCENTE 31

1.1 O professor e a vida escolástica 33

2

ENTRADAS: COMPONENTES DA PESQUISA 39

2.1 Componentes do território político e social das subjetividades 39

2.2 Diário de campo 40

2.3 Entrevistas com professores 43

2.4 Poder e legislação 44

2.5 Genealogia e a Educação 46

3

O PROGRAMA ESCOLA SEM PARTIDO
COMO UM ANALISADOR DA JUDICIALIZAÇÃO
E CRIMINALIZAÇÃO DE SUBJETIVIDADES DOCENTES 49

3.1 Ocupações e resistência: um "público cativo"? 58

3.2 Outro analisador: as ocupações escolares 62

3.3 Escola Faetec 66

3.4 Escola Estadual Prefeito Mendes de Moraes 69

3.5 O impacto do ultraconservadorismo nas subjetividades docentes 72

3.6 A criminalização dos professores 80

3.7 Processos de individualização: alunos e professores 85

3.8 A "expansão do judiciável" na escola contemporânea 92

3.9 Escola sem Partido e controle dos afetos 103

4
EDUCAÇÃO À BRASILEIRA:
MANEJOS ANTIGOS E CONTEMPORÂNEOS DA EDUCAÇÃO........ 113
4.1 Reatualizações e ditadura docente contemporânea: #SomosTodosFlavinha........123

5
NARRATIVAS DE PROFESSORES NO CONTEMPORÂNEO........... 131
5.1 Intervenção e desterritorialização 134
5.2 Governamentalidade e cuidado de si 145
5.3 Notas para a conclusão 152

REFERÊNCIAS 155

Figura 1 – Escola sem partido (LATUFF, 2018).

INTRODUÇÃO

Quando fui processada por um pai de aluno que ficou insatisfeito com uma brincadeira,
fiquei extremamente afetada. Nunca mais entrei em uma sala de aula da mesma maneira.
O professor agora é um dos maiores inimigos da sociedade. Estamos sendo vigiados
(Professora do ensino fundamental – 10 de junho de 2016)

No início deste livro, tinha algumas pistas sobre quais caminhos iria percorrer, minha certeza era que queria escrever sobre escola. Trabalhando como psicóloga escolar há mais de dez anos no município do Rio de Janeiro, nosso cotidiano de encontro com a pobreza, a exclusão social, preconceitos, convivências, adoecimentos de alunos e professores... A educação pública suscita inúmeras e necessárias análises, temos que criar sentidos para nossas práticas.

Pesquisar na escola é imenso, são muitos temas e possibilidades. Poderia escrever sobre criminalização, políticas públicas, coletivos, entre outros inúmeros campos. Certamente muitas linhas, modos de sociabilização e moralidade tomam visibilidade. A escola é um efervescente palco de conflitos, entrecruzamento de histórias, afetos, mas também um espaço privilegiado de intervenção das mais variadas linhas endurecidas. Esse cotidiano parece tornar-se mais endurecido e rígido, principalmente para os professores.

Especialmente nos últimos anos, os profissionais da educação relatam suas dificuldades, processos depressivos, de ansiedade e são atropelados por estratégias massificantes que cada vez mais desconsideram as singularidades, as invenções e tentam encaixar em inúmeros enquadres as relações e o cotidiano. Presenciamos o desprezo ao cuidado, aos afetos. Tempos áridos, muito difíceis. Neste tempo de atuação, já pude acompanhar processos inventivos e potentes, estes estão a cada dia mais escassos. O espaço escolar que narra o pedagógico como múltiplo, inventivo, já há algum tempo no obscurantismo, tem ressoado como incômodo e entristecido. Os relatos dos professores também entristecem os que acolhem suas lágrimas. Nós, psicólogos da educação, acompanhamos estes processos também, é claro, afetados por eles.

Este significativo aumento do sentimento de desgaste dos professores produz uma incessante reclamação, uma fala absolutamente queixosa. Nos inúmeros grupos que dinamizo para este público na Secretaria Municipal de Educação, respostas e acontecimentos entristecidos, adoecidos e despedaçados protagonizam os espaços. Este ressentimento vem ao longo do tempo tomando força e muitas vezes abafando narrativas inventivas e alegres da educação.

Logo no início deste livro, eu resisti a essa intuição, numa intenção maniqueísta, busquei preconizar o intensivo, o potente, e também pela dificuldade de operar estes questionamentos difíceis[1]. Concluí que muitas coisas tristes já eram ditas e escritas sobre a educação, meu intuito inicial era deixar essa crítica um pouco de lado e caminhar para um novo rumo, inclusive para a minha prática, em que afetos doces pudessem surgir neste campo tão amargo. Meu desejo era procurar saídas inventivas na educação, práticas inovadoras, modos de mover este terreno estratificado.

As linhas de segmentaridade dura[2] projetam-se de maneira binária e dicotômica, reforçando muitas lógicas binárias: triste-feliz, intensivo-despotencializado, homem-mulher, criança-adulto, público-privado, que se chocam e se atravessam o tempo todo. Essas lógicas cortam-nos e produzem um complexo processo de escolhas sucessivas, revelando as produções instituídas de nossa sociedade. Se eu fizesse esta opção de privilegiar essa lógica binária, não alcançaria a complexidade da escola, que pode ser tanto triste quanto feliz, que pode ser lugar de vida e de adoecimento, ao mesmo tempo e de maneira imanente.

No ano inicial do doutorado, aconteceram as ocupações dos alunos de ensino médio nas escolas[3]. Pronto! Acreditei que elas seriam um caminho que a minha pesquisa poderia acompanhar. Uma experiência que finalmente traria potência àquele campo entristecido, que poderia trazer fôlego à minha prática. Fiz algumas visitas às escolas estaduais ocupadas, tive a oportunidade de realizar duas oficinas[4] na Faetec de Quintino. Essas experiências puderam

---

[1] Quando mencionamos que somos capturados por processos molares, comento aqui, nesta análise de implicação, que neste momento estava tomada por estas capturas, já que estava distinguindo processos potentes dos despotencializadores, como se pudéssemos diferir ambos e extrair sua essência.

[2] Na compreensão de subjetivação adotada neste trabalho, é importante ressaltar que diferentes linhas de força compõem o mapa de nossa subjetividade. As linhas de segmentaridade dura são características dos grandes conjuntos molares ou estratos, como as classes sociais e os gêneros (GUATTARI; ROLNIK, 1996).

[3] Estas ocupações serão mais analisadas no decorrer do livro.

[4] As oficinas com os temas "Criminalização e juventude" e "A escola da periferia" foram realizadas nos dias 15 e 23 de maio de 2016 e serão melhor apresentadas no decorrer do trabalho.

encher de fôlego e questionamentos que, de certa forma, impulsionaram minha pesquisa. Numa destas oficinas os alunos me relataram uma situação que acontecera na escola envolvendo uma professora, adjetivada por eles como *"uma ótima pessoa"*. Ela estaria sendo processada criminalmente por um pai de um aluno, um deles me diz: *"como a senhora é psicóloga pode ajudar nossa professora? Ela não vem mais dar aula porque está com muito medo de um grupo de pais que fica vigiando cada palavra que os professores dizem"* (Diário de Campo em 13 de abril de 2016).

Os alunos reiteram que uma das maiores preocupações da direção da escola é com o que os professores dizem nas salas de aula: *"aqui na escola os professores não podem mais ser espontâneos, tem que medir a palavra o tempo todo"* (Diário de Campo em 13 de abril de 2016). Neste momento percebo a gravidade daquela situação, os alunos ali ocupando a escola de maneira insurgente e propositiva, tentando negociar nas assembleias o retorno às aulas, a importância dos conteúdos com os professores, que, mesmo em minoria, frequentavam e ajudavam na ocupação, muito movimento que alegra e potencializa o espaço escolar. E, mesmo diante de tantas questões, marcam a preocupação com a professora. Dentre tantos enlaces de afeto, busquei atender ao pedido dos alunos e marquei uma entrevista com ela.

Nesta escola de Quintino, conheci esta moça, muito delicada e até envergonhada de sua situação, concedeu-me uma entrevista que agenciou o caminho deste livro. A professora disse que estava sofrendo de transtornos psiquiátricos, tomando antidepressivos e remédios para dormir, estando afetada e triste pela situação que ela e seus colegas estavam vivendo na escola. Vi-me diante de uma violência que produziu efeitos notórios. Relatou estar mais calma e tranquila depois que começou a tomar os remédios e que, muitas vezes, temos que *"calar para poder voltar a trabalhar sem se afetar tanto, diminuir o medo de retornar à sala de aula"* (Diário de campo 10 de junho de 2016). Essa fala, que, na hora me remeteu à incidência do poder sobre os corpos, que tem de ser úteis e servis (FOUCAULT, 2008e), produziu um sentimento multifacetado que impulsionou esta obra.

Ainda sem acreditar na própria situação, a professora colocou que considera a motivação do processo como absolutamente banal. Disse que sempre em suas aulas discutiam a situação política do país, afinal, esse é um elemento imprescindível para a sociologia, não podendo, segundo ela, ser excluídas do currículo. Em uma dessas aulas, ela teria chamado um de seus alunos de "*coxinha*[5]". Disse que proferiu o adjetivo em um tom jocoso e que tinha uma relação cordial com os alunos, de absoluta proximidade: "*nunca pensei que uma brincadeira poderia gerar um processo criminal e uma recriminação tão grande*" (Diário de campo 10 de junho de 2016). O adolescente não teria gostado da conversa e decidiu acionar o pai que procurou uma delegacia. Segundo ela, em nenhum momento o aluno ou sua família buscou a direção da escola. Ela, que se considera "*uma professora comprometida*" com seu ofício, foi advertida formalmente pela direção da escola, e na época começou a sofrer retaliações da Secretaria Estadual de Educação (Seeduc). Em 2019 voltei a encontrar a professora, que atualmente responde a um inquérito administrativo pela situação, causando ainda inúmeros efeitos e constrangimentos.

A violência que ela sofrera era visível em seu semblante medicado e contido. Analisando os inúmeros relatos de professores, observo que o medo atravessa os modos de subjetivação docentes de maneira peculiar em nosso cotidiano, presentifica-se como um operador do controle em nossa sociedade[6]. Os professores mencionam o medo que sentem de serem processados, de terem desentendimentos com as famílias, medo da violência dos alunos, medo de serem filmados, medo de possíveis denúncias.... Carlos Drummond de Andrade (2012, p. 20) aponta: "E fomos educados para o medo/ Cheiramos flores de medo/ Vestimos panos de medo/ De medo, vermelhos rios vadeamos".

Neste território de tensão, permaneço diariamente motivando os movimentos alegres, os grupos inventivos, os bons encontros. Mas, mesmo que timidamente, pergunto-me: como ficam os outros? E os profissionais que endurecem? E os que são atropelados por este poder? Será que não teríamos que dar visibilidade a estes processos? Não deveríamos questionar este lugar dado aos professores? Não seria ético[7] entoar outras saídas para além

---

[5] "Coxinha é um termo usado como gíria, e que serve para descrever uma pessoa "certinha", "arrumadinha" [...]. É alguém conhecido por ostentar um padrão de vida de custo elevado, e posturas políticas conservadoras. Aponta-se, também, o coxinha como aquele que se opõe com vigor a ideias políticas ou econômicas consideradas de esquerda". Disponível em: https://pt.wikipedia.org/wiki/Coxinha_(alcunha). Acesso em: 21 mar. 2019.

[6] A punição ainda opera por meio da disseminação do medo em nossa sociedade, embora tenham sido muito atenuadas, elas encontram-se a cada dia mais disfarçadas com direitos e legislações e se tornam cada vez mais veladas, ainda assim contendo hierarquias e valores.

[7] Seria esta uma das nossas encruzilhadas éticas? "[...] devemos interpelar todos aqueles que ocupam uma posição de ensino nas ciências sociais e psicológicas, ou no campo do trabalho – todos aqueles, enfim, cuja posição consiste em se interessar pelo discurso do outro. Eles se encontram numa encruzilhada política e micropolítica fundamental. Ou vão fazer o jogo dessa reprodução de modelos que não nos permitem criar saídas para os processos de singularização, ou, ao contrário, vão estar trabalhando para o funcionamento desses processos na medida de suas possibilidades e dos agenciamentos que consigam pôr para funcionar. Isto quer dizer que não há objetividade científica alguma nesse campo, nem uma suposta neutralidade na relação" (GUATTARI; ROLNIK, 1996, p. 29).

do adoecimento e da individualização?! Acredito realmente que "as coisas se criam por um ato de vontade e de afirmação" (LISPECTOR, 1984, p. 6).

Estes relatos são compreendidos como processos de adoecimento e incapacidade pessoais, num âmbito individualizado, como se denotasse certa fraqueza sucumbir a eles. Os processos de culpabilização de sujeitos e consequentemente particularização dos problemas demonstram a necessidade de construir novas análises para tal discussão, devemos questionar os modos como os indivíduos são narrados: professor despreparado, professor sem manejo com a turma, professor com problemas "psi".

A individualização[8] tende a diminuir a importância dessas vivências, na medida em que são corporificadas em um só: aluno-problema, professor inexperiente, família desestruturada. Estes são recursos recorrentes no campo da educação e podem representar o esvaziamento dos questionamentos que tem que ser enunciados. Esta produção que reifica uma lógica patologizante aponta para a dimensão da essencialidade, como se o professor fosse individualmente compreendido a partir de seu adoecimento, concentrando esta narrativa a partir de "o modo-de-ser-indivíduo[9]".

Na medida em que individualizamos as complexas subjetivações[10] de nosso contemporâneo, naturalizamos os processos que as produzem, entendendo estas manifestações de esgotamento e adoecimento como algo que não deve ser pesquisado a partir da dimensão de uma produção, e sim pensado também a partir da psicopatologia ou apenas no plano das síndromes psiquiátricas. A problematização destes processos deve estender seu olhar para além de uma perspectiva maniqueísta, visibilizando outra maneira de conceber o adoecimento docente como uma pista para repensar diversas práticas nas escolas:

> Os inconscientes às vezes - e cada vez mais - protestam.
> Só que, a rigor, não poderíamos chamar isso de "protesto".
> Melhor seria falar, mas em "afirmação" ou em "invenção":

---

[8] "Individualização e totalização são efeitos de um mesmo modo de subjetivação, aquele desenvolvido a partir da instalação do Estado representativo moderno e que vem se aperfeiçoando até nossos dias. Neste jogo incessante de individualização/totalização, o que se produz é a oposição sistemática, mas complementar, entre indivíduo e comunidade. A comunidade era vista como uma soma de indivíduos, ficando clara a ênfase nos valores individuais como prioritários na comunidade" (BARROS, 2009, p. 63).

[9] Termo utilizado por Barros (2009). Seria um dos pilares de uma subjetividade capitalista hegemônica, este modo de ser individualiza questões que esboçam múltiplos atravessamentos. Confere uma dimensão a-histórica e uma verdade acerca da existência.

[10] No capítulo final a problematização de subjetivação será melhor apresentada.

> desinvestem-se as linhas de montagem, investem-se outras linhas; ou seja, inventam-se outros mundos. (GUATTARI; ROLNIK, 1996, p. 12).

Também me inquieta a maneira que nós, psicólogos, temos recebido estas queixas de professores. Infelizmente estamos muitas vezes sendo capturados por discursos medicalizantes, reproduzindo encaminhamentos individualizados, preconizando as urgências e nos distanciando da investigação dos constituidores destas categorizações. Deleuze (1998) nos adverte sobre os perigos da máquina que binariza[11] e individualiza todas as questões. Para o autor essa máquina é uma peça fundamental dos aparelhos do poder, e por isso nela não devemos permanecer. Como escapar dessa máquina? Como visibilizar estes processos de adoecimento como recusas ou até mesmo bem-dizer estes sintomas?

Não estaríamos, ao banalizar estes processos, tratando-os como questões absolutamente particulares, localizáveis em alguns professores ou em seus adoecimentos, capturados pelo grave problema de nossa formação que

> [...] predomina o viés positivista em que se tornam hegemônicos os conceitos de neutralidade, objetividade, cientificidade [...] nos diferentes discursos/práticas, o homem, os objetos e o mundo são apresentados como "coisas em si", abstratos, naturais e não produzidos historicamente[?] (COIMBRA, 2004, p. 48).

Saltam aos olhos os modos em que questões políticas e sociais que acompanham os espaços escolares há tempos estão sendo naturalizadas no cotidiano. Parece que quando questionamos estes processos não conseguimos alcançá-los. Dizem que a educação está assim e nada mais pode ser mudado. Muitas vezes presencio o imobilismo diante de questões que são, a princípio, importantes elementos nestes processos de adoecimento.

> *Não adianta questionar os cadernos pedagógicos, já são há muito tempo trabalhados como referência.*

---

[11] Essa máquina separa e coloca as multiplicidades em sistemas opostos, servindo para a conservação e homogeneização da vida. As linhas duras nos compõem por meio do estabelecimento de dualidades em oposição que criam formas de exclusão, normatização e controle. Como exemplo de tais lógicas binárias, podemos citar: normal ou patológico, aluno problema ou bom aluno, aprender ou não aprender.

> *Perder tempo discutindo com diretora sobre a vida dos alunos só produz tristezas, somos apenas um número que tem que dar conta de mais de 120 aluno.*
>
> *A escola pública já foi um espaço de desenvolvimento, atualmente não é mais nada.*
>
> *A cada gestão se muda o secretário, mas nada muda nas escolas, continuam precárias, e o trabalho do professor segue desvalorizado.*
>
> *Já me acostumei que ser professora é trabalhar neste ambiente, por isso estou me esforçando para sair daqui, não quero adoecer e não quero mais essa vida.*

É importante colocar que os elementos que produzem essas queixas não são questionados. Professores culpabilizados sucumbem adoecidos diante de *forças de demolição*[12]. Raríssimas vezes pude presenciar questionamentos que os colocam como produtores ou fomentadores destes adoecimentos. Parece que as inúmeras dificuldades que afetam as escolas estão sendo a cada dia mais cristalizadas. O professor, diante deste verdadeiro processo de achatamento, banaliza a sua experiência singular, vê-se solitário e questionado entre os próprios pares.

Lembrei-me das muitas vezes em que eu mesma também me aproximei destas observações sobre os professores, reproduzindo uma lógica que os coloca neste lugar de insensibilidade e suspeita[13]. Sim, suspeita. Estes profissionais estão em nosso cotidiano sempre protagonizando situações de adoecimento, descuido, receio, medo, incompetência. Como isto iniciou? E mais grave ainda: parece-me que tem se agravado com o fortalecimento dos movimentos ultraconservadores que colocam a educação em cheque.

Outro ponto fundamental para este trabalho seria buscar outras narrativas que engendrem caminhos para compreender o adoecimento e a despotencialização do espaço escolar, dos professores e alunos para além das constantes culpabilizações que responsabilizam os sujeitos particularmente pelas situações. A proposta é pesquisar enquanto prática desnaturalizadora, que atenta às complexidades dos acontecimentos, parte do entendimento

---

[12] As subjetividades docentes enfrentam em seu cotidiano forças tão naturalizadas e ardis que podemos compreendê-las como "forças de demolição".

[13] Esta lógica aparece em alguns trabalhos produzidos por profissionais que trabalham na educação (BUENO, 2016; FELICIO; MELO, 2019a; GIVIGI, 2012). Muitas vezes somos capturados por estas, mas é importante ressaltar que embora estes trabalhos não tratem especificamente da temática da produção da subjetividade docente, a culpabilização e judicialização do ambiente escolar já desponta como um analisador das relações escolares contemporâneas.

de que "conhecer a realidade é acompanhar seu processo de constituição" (BARROS; KASTRUP, 2009, p. 58).

Foram inúmeras as vezes em que, na própria Secretaria Municipal de Educação, foram enunciados sofrimentos e até mesmo certa criminalização do fazer do professor. Presenciei diversas narrativas que condenam:

> *Fazer reunião com professores é se encontrar com o muro de lamentações.*
>
> *Os professores reclamam muito e fazem pouco.*
>
> *O professor de hoje nem olha para o aluno e só quer fazer recreação ou passar o tempo sem dar aula.*
>
> *Ninguém quer ser professor, se ganha muito pouco para a quantidade de aborrecimento que temos.*
>
> *O professor não deve usar o espaço da sala de aula para se manifestar politicamente, isso está certo mesmo.*
>
> *A escola tem que se respaldar, facilmente é alvo de processos e ninguém defende a escola.*
>
> *Professor não é educador, aquele que acha que está aqui por vocação está muito enganado.*

Essas falas são efeitos de muitas forças que circulam nas escolas. Por "efeitos" não pretendo estabelecer uma relação causal e determinista, mas, nos termos de Foucault, minha proposta é considerar que tais práticas se situam no âmbito das técnicas e instrumentos pelos quais o poder se corporifica. O sujeito é efeito de poder, na medida em que este não atua como uma força que o nega ou o impede de exercer-se, mas "permeia, produz coisas, induz ao prazer, forma saber, produz discurso" (FOUCAULT, 2008c p. 8). Também cabe mencionar que isso não significa que estes sujeitos estarão sempre submissos a estas relações, resumindo a questão a uma concepção dicotômica.

É importante esclarecer que, recolhendo estas falas e evidências mencionadas neste trabalho, não decidi escrever ou falar por, mas escrever e falar com. Esta modalidade de escrita foi sugerida por Deleuze e Parnet: "[c]om o mundo, com uma porção de mundo, com pessoas. De modo algum uma conversa, mas uma conspiração, um choque de amor ou de ódio". Pretendo trazer algum movimento a este medo que incapacita, produzindo "agenciamentos a partir dos agenciamentos que [a] inventaram" (DELEUZE; PARNET, 2004, p. 66).

Nesta obra foram traçadas algumas linhas que produziram este fazer docente contemporâneo, diante das notórias necessidades de controle que são acionadas pelo medo ou pela desconfiança da incompetência, esboçam novos dispositivos de vigilância, bem como novos modos de atravessar os corpos, as subjetividades, as práticas profissionais etc. Controles mais sofisticados e precisos são inventados. Eles são cada vez mais solicitados e insuflados por uma sociedade que visa cada vez mais moral, controle e punição.

A proposta é investigar como a problematização do sujeito, configurada no pensamento de Michel Foucault e de outros "filósofos da diferença", são fundamentais para a análise do educador contemporâneo, que tem experimentado inúmeros processos de esvaziamento de sua potência singular diante das constantes interferências judiciárias moralistas no ambiente escolar e ainda denunciar os mecanismos presentes na constituição deste educador contemporâneo: "a denúncia é necessária [...] porque falar a esse respeito, forçar a rede de informação institucional, nomear, dizer quem fez, o que fez, designar o alvo é uma primeira inversão de poder" (FOUCAULT, 2008c, p. 75).

Assim, faz-se necessário nesta obra um "diagnóstico do presente", na inspiração Foucaultiana. Em 1967, em uma entrevista publicada originalmente em italiano intitulada "Quem é você, professor Foucault?", o autor comenta o que pensa sobre a tarefa da filosofia e do filósofo na investigação do presente:

> Que o que eu faço tenha alguma coisa a ver com a filosofia é muito possível, sobretudo na medida em que, ao menos desde Nietzsche, a filosofia tem por marca diagnosticar e não procura mais dizer uma verdade que possa valer para todos e por todas as épocas. Eu procuro diagnosticar, realizar um diagnóstico do presente: dizer o que somos hoje e o que significa, hoje, dizer o que nós dizemos. (Foucault,1967, p. 634).

Diagnosticar o presente é um modo de apreender as características de um dado momento e, ao mesmo tempo, visibilizar o lugar em que estamos a comentar sobre ele, desconstruindo a formulação de verdades universais, essencialistas, pois o diagnóstico opera um trabalho genealógico, que considera os elementos que o constituíram. Estes conceitos, ferramentas bastante conhecidas dentro do pensamento do filósofo, direciona-nos a pensar este diagnóstico nas suas incessantes relações em relação ao tempo presente.

A professora, tentando lidar com a violência que sofrera, medo do desemprego e da justiça, despontou a necessidade de expor efeitos da intromissão, judicialização, tentativa de controle do trabalho dos docentes. Estas linhas duras[14] estariam moldando e produzindo um trabalho endurecido e amedrontado. Observo que as legislações e propostas de intervenção nas escolas, cada vez mais, tratam de temas que são de esferas ligadas à convivência e comportamento baseando-se muitas vezes em concepções morais para delinearem suas imposições ou regulamentos. Estas imposições legais e taxativas buscam maior controle da vida cotidiana e punição de qualquer desvio (NASCIMENTO, 2015).

Como estas imposições e vigilâncias cotidianas influenciam o relacionamento dos professores com seus alunos na escola? Quais seriam as consequências destas intervenções? Quais seriam os efeitos de trabalhar diariamente em um ambiente controlado e punitivo? Diante de tantos controles nas escolas, ainda cabem espaços de invenção? O que foi feito da prática de ensinar? Ainda é possível cativar afetos e compreender o espaço escolar como troca de ideias e reinvenção de práticas? O que foi produzindo o fazer docente contemporâneo e quais são as pistas desta produção?

Percebo que o que resta é muita tristeza e inconformidade. Sigo meus questionamentos e pergunto-me quando o trabalho docente ficou tão ressentido e triste? Como o professor está policiado e contido por um conjunto de normas e propostas que visam certa neutralidade ou prescrição de condutas, fomentado e cativado por dirigentes, legislações e práticas judicializantes? Quais são os efeitos de estar diariamente neste ambiente controlado? Como o professor lida em seu cotidiano com estas forças judicializantes?

Não pretendo responder a todas estas complexas perguntas, a proposta é traçar algumas pistas que evidenciam os componentes desta nova subjetividade que é produzida nas escolas e ainda esboçar alguns efeitos já existentes dos atuais modos de ser professor na atualidade. Ao discutir a produção de subjetividades docentes diante da multiplicação extenuante de processos judiciais e de formas de intervenção jurídico-moralistas no cotidiano escolar, podemos verificar alguns dos agenciamentos que produziram estas linhas. A hipótese é que estas formas de controle e homogeneização das diferenças produzem uma "estranha" existência: medicalizada, vigiada, judicializada e enquadrada.

---

[14] Segundo Deleuze e Guattari, nossa subjetividade é produzida por linhas duras, maleáveis e de fuga. As linhas de segmentaridade dura são características dos grandes conjuntos molares ou estratos, como as classes sociais e os gêneros; as de segmentaridade maleável são caracterizadas por relações moleculares de desestratificações relativas, e as linhas de fuga, que se caracterizam por uma ruptura com os estratos ou sua desestratificação absoluta.

1
PRODUÇÃO DE SUBJETIVIDADE DOCENTE

Professor é tudo igual! Impressionante como também tenho as mesmas questões da colega!
(Professor de ensino fundamental, 7 de novembro de 2018)

A partir do entendimento da subjetividade como um processo social constante, é possível realizar análises de como a subjetividade docente é produzida em meio ao ambiente escolar contemporâneo. Guattari e Rolnik (1996, p. 31) propõem: "a subjetividade não é passível de totalização ou de centralização no indivíduo", indicando que a subjetividade não é uma posse individual, mas uma produção incessante que acontece a partir de encontros em nosso campo social. Estes podem ser produzidos pelos acontecimentos, pelos fenômenos naturais, as invenções, as práticas profissionais, enfim, o que desdobra efeitos em nossa maneira de viver, fazendo destas trocas uma construção coletiva, assim, "a subjetividade é essencialmente fabricada e modelada no registro social" (GUATTARI; ROLNIK, 1996, p. 31).

É importante acrescentar que a difusão destes múltiplos componentes da subjetividade são influenciados por procedimentos e práticas vigentes na sociedade de maneira mutante, contando com a influência de instituições, da linguagem, da mídia, das formações profissionais, da ciência, enfim, inúmeros processos que acentuam sua permanente reinvenção e constante movimento. Estas noções também enunciam os modos em que as relações de poder estão dispostas naquele momento. Os modos de subjetivação processam historicamente a constituição da subjetividade: "processos que tanto constituirão objetos, quanto conformarão modos de existir" (BARROS, 2009, p. 45).

A ideia de produção de subjetividade detém amplas relações com a noção Foucaultiana de subjetivação (FOUCAULT, 2008a, 2008e) que enuncia "formas", "modos" e "processos" que apontam que a subjetivação nunca estará finalizada, mas se constitui como um processo contínuo e constante.

Este processo de produção sem dúvida obedece aos componentes e períodos históricos que o sujeito está vivenciando e assim vai ganhando seus contornos. Como observa Foucault ao comentar seu trabalho:

> Eu gostaria de dizer, antes de mais nada, qual foi o objetivo do meu trabalho nos últimos vinte anos. Não foi analisar o fenômeno do poder nem elaborar os fundamentos para tal análise. Meu objetivo, ao contrário, foi criar uma história dos diferentes modos pelos quais, em nossa cultura, os seres humanos tornam-se sujeitos. (FOUCAULT, 1995, p. 231).

Nestes modos de subjetivação estão delineadas possíveis pistas de certas relações de poder-saber que produziram estes objetos-sujeitos, necessidades e desejos. Ao remontar algumas lutas que se desenvolveram nos últimos anos, tais como a oposição ao poder dos homens sobre as mulheres, dos pais sobre os filhos, do psiquiatra sobre o doente mental (FOUCAULT, 1995, p. 234), reunimos algumas características para estes movimentos. O autor propõe que a escolha política por meio da qual se acolhe um tipo de existência é compreendida como um dos modos de subjetivações possíveis. Os "modos" ou "processos" de subjetivação podem tomar as mais diferentes configurações, sendo, cabe insistir, mutantes.

Deleuze (1998) também traça linhas de análise do sujeito e evidencia a complexidade desta produção. Segundo o autor existem diferentes forças que afetam o sujeito de diferentes maneiras, essas forças circulam, enfrentam-se e podem também se chocar: por isso o sujeito não pode ser concebido como uma unidade pronta. Neste movimento, partes dessas forças compõem a sua singularidade. Cabe também ressaltar que a potência e abrangência dessas forças são variáveis, e diante da experiência elas podem ou não se manifestar.

Guattari e Rolnik (1996) mencionam que esta concepção de produção de subjetividade é a mais importante produção do sistema capitalístico[15], ainda mais essencial do que petróleo e energia, funcionando também "no coração dos indivíduos (p. 26)", articulando-se com "os processos maquínicos do trabalho, com a ordem social suporte dessas forças produtivas" (GUATTARI; ROLNIK, 1996, p. 26).

---

[15] Guattari acrescenta o sufixo "ístico" à lógica "capitalista" para criar um termo que possa designar não apenas as sociedades qualificadas como capitalistas, mas também setores do "Terceiro Mundo" ou do capitalismo "periférico". Tais sociedades, segundo Guattari: "em nada se diferenciariam do ponto de vista do modo de produção da subjetividade. Elas funcionariam segundo uma mesma cartografia do desejo no campo social, uma mesma economia libidinal-política" (GUATTARI; ROLNIK, 1996, p. 15)

A PRODUÇÃO DE SUBJETIVIDADE DOCENTE E O ADOECIMENTO DE PROFESSORES

Nos séculos XVIII e XIX, observamos a invenção de outros modos de subjetivação baseados na difusão do pensamento iluminista, impulsionando a ascensão da classe burguesa e a proliferação do capitalismo fabril. Foucault (2008e) descreve a decadência do poder monárquico soberano e a emergência do poder disciplinar, exercido por meio das técnicas (disciplinas) que forneceriam os corpos e subjetividades às novas demandas do capitalismo. Este desenvolveu instrumentos fundamentais de vigilância, sanção e exame, visando à produção de corpos úteis, dóceis, produtivos e submissos. Estes instrumentos de controle são bem visíveis nas escolas, se considerarmos a disposição dos alunos em fileiras, o controle das atividades lúdicas, recreios e normatização da aprendizagem por um sistema de testagem, só para citar alguns exemplos.

1.1 O professor e a vida escolástica[16]

Áries (1981) demonstra por meio de sua análise iconográfica que a escola foi surgindo como instituição a partir do século XVII e que o aparecimento desta instituição está visceralmente ligado ao desenvolvimento do capitalismo. Com a Revolução Industrial, a partir de 1750, acentuou-se a necessidade de um número maior de pessoas que soubessem pelo menos ler, escrever e contar, para que pudessem desenvolver funções mais específicas de mão de obra. Coimbra (1989) menciona que esta transformação também produziu novas formas de subjetivação:

> [...] a burguesia já no poder percebeu também a necessidade de "socializar" e "educar" a massa trabalhadora existente nos grandes centros urbanos, para formá-los como "bons" cidadãos e trabalhadores disciplinados. Com isso, vemos a Escola surgindo com claras funções: inculcar os valores, hábitos e normas da classe que domina, ou seja, inculcar a ideologia burguesa e, com isso, mostrar a cada um o lugar que deve ocupar na sociedade, segundo sua origem de classe. (COIMBRA, 1989, p. 2).

Segundo Áries (1981) as primeiras escolas teriam sido influenciadas por modelos monásticos do séc. XIII, que além de propostas de acesso aos sistemas de leitura e escrita também estavam intimamente comprometidos

---

[16] A filosofia de ensino que é influenciada pela igreja católica preconiza a aproximação da fé da razão, realizando certa moralização da educação. Desde então, a educação segue muito influenciada por preceitos morais, estando estes intimamente relacionados com práticas de controle e normalização disseminadas em ambientes escolares.

com ideais morais, que visavam diferenciar as idades da vida[17], inculcar e difundir padrões religiosos como morais no tecido social. Ele destaca que a diferença entre a escola da Idade Média e a dos tempos modernos foi a introdução da disciplina, que era um meio de "isolamento e adestramento das crianças" (ÀRIES, 1981, p. 170).

Para o autor existia uma "responsabilidade moral dos mestres que eram encarregados das almas de seus alunos" (ÀRIES, 1981, p. 170). Sobretudo no século XVI o colégio ampliou e disseminou sua inserção: "composto outrora de uma pequena parte de clérigos letrados, ele se abriu a um número crescente de leigos, nobres, burgueses e famílias mais populares" (ÀRIES, 1981, p. 170). Esses mestres que eram responsáveis pelas almas destes alunos deviam deter uma posição diferenciada para preservá-las de um risco de não saber os limites hierárquicos. Esses mestres na escola tinham como missão não apenas transmitir os elementos de um conhecimento; eles deviam, em primeiro lugar, formar os espíritos, inculcar virtudes, educar tanto quanto instruir.

Áries (1981) aponta o surgimento de uma responsabilidade moral dos mestres, que tinham como finalidade primordial habilitar os sujeitos para adentrar suas vivências familiares e cotidianas, já que a escola, como responsável também pela educação moral dos sujeitos, teria que auxiliar na descrição de comportamentos e condutas que seriam desejáveis das indesejáveis, em uma homogeneização de práticas e relações, encarnando e proliferando esta subjetivação nos ambientes escolares, tanto para os professores que deveriam ser responsáveis moralmente por seu grupo de alunos quanto para estes que iriam compor a massa homogeneizada de atividades escolares.

A escola foi, a partir da modernidade, entendida como o grande espaço de socialização no Ocidente, proporcionando uma vivência alternativa à Igreja e à família, mas "é preciso ter uma imagem menos idealizada da escola e enxergá-la conforme as várias forças e dinâmicas disciplinares sobre as quais ela foi se construindo" (Ó, 2007, p. 36). Nesta composição, a pedagogia captura uma série de saberes e se lança como operador e porta voz deste, o professor, que assume esta tarefa de representante da experiência e do saber científico, incorporando em suas práticas muitas certezas e verdades que pasteurizam a vida. Notoriamente os espaços educacionais sempre foram um campo de força e disputa, o que incentivou a produção de leis e as diversas tentativas de controle da atuação docente, manifestas cotidianamente na educação institucionalizada e homogeneizante.

---

[17] Áries (1981) demonstra como a família começou a organizar-se em torno da criança, uma importância inaugurada a partir da sua diferenciação, que teve início mais detidamente no início da Modernidade.

O modelo disciplinar (FOUCAULT, 2008a, 2008e) pode operar sua aderência nas formas de subjetivação contemporânea, muito incentivado pela potência capilar da escola. As escolas, ao deterem um público diário e modelos que se baseiam em uma totalização e individualização[18] de nossa sociedade, por muito tempo puderam cooperar com estas produções que recortam os indivíduos de um pertencimento de relações imanentes, auxiliando também na despotencialização das possibilidades singulares de vivência e permanência no espaço escolar. No espaço escolar as pessoas e seus corpos são progressivamente docilizados para o trabalho e a adequação social.

Sendo as subjetividades uma produção, como já colocado anteriormente, que se constituem a cada momento social, histórico, político, estético... Dada a alteração destas forças que estão em jogo, configuram-se novos modos de subjetivação, outros arranjos que são interpretados de maneira mutável em diferentes contextos.

Portanto, a matéria-prima que constitui as subjetividades é mutante, por meio desta produção é experimentar e inventar maneiras de agir e ser no mundo, tornando-se também uma referência historicamente localizada de maneiras de desejar, perceber, ensinar... em diferentes momentos históricos/políticos. Há, por exemplo, uma importante produção que ressalta riscos e perigos nas tentativas de romper com os valores capitalísticos de referência. Monteiro, Coimbra e Mendonça Filho (2006) mencionam que "ter" um emprego tornou-se uma necessidade do "ser humano", um valor destacado e naturalizado de uma sociedade capitalista. E quem deseja escapar ou questioná-lo é considerado culpado por seu "fracasso". Na escola podemos observar que esses valores capitalísticos também são largamente disseminados, como observamos na hierarquização dos alunos por notas em provas, que produzem verdadeiros rankings.

A instituição escolar participa ativamente deste processo de produção, sendo uma das intuições mais representativas das normalizações disciplinares e a engrenagem da escola é atravessada e marcada pela configuração social, mas também tem o papel de definir o sujeito, seja por meio das relações de poder entre professores e alunos, da relação da sociedade com seus professores, seja na forma pela qual concebe a aprendizagem e transmite o saber.

---

[18] "individualização e totalização são efeitos de um mesmo modo de subjetivação, aquele desenvolvido a partir da instalação do Estado representativo moderno e que vem se aperfeiçoando até nossos dias. Neste jogo incessante de individualização/totalização, o que se produz é a oposição sistemática, mas complementar, entre indivíduo e comunidade. A comunidade era vista como uma soma de indivíduos, ficando clara a ênfase nos valores individuais como prioritários na comunidade" (BARROS, 2009, p. 63).

Embora os professores tenham já ocupado um lugar de porta voz do saber e da ciência, já há alguns anos, por motivos molares e moleculares que serão analisados no decorrer do livro, estão na atualidade deixando este lugar de "porta voz dos saberes" e ao que parece estão protagonizando outros processos bem diferentes em nosso contemporâneo, principalmente quando focamos em algumas peculiaridades brasileiras. É imprescindível mencionar que esta produção se dá a partir de práxis sociais, inseparáveis de suas condições e atentas para sua condição de registro que se dá em um movimento incessante destas produções (GUATTARI; ROLNIK, 1996).

Estas transformações inauguraram outras linhas de força e de composição que produzem novos modos de ser professor e aluno em diferentes momentos. A proposta deste livro refere-se à composição destas práticas de saber-poder e de como produziram novos arranjos subjetivos contemporâneos, quando tomamos para a análise a escola e mais especificamente o professor. Há decerto uma radicalidade na passagem deste lugar de "responsável pelas almas" (ÁRIES, 1981) ou de "porta-voz dos saberes" (Ó, 2007) para os modos atuais de sofrimento e desconfiança tão marcadamente presentes na prática docente nos registros atuais. É notória a diferença entre estas diferentes modos de ser professor.

Foucault (1999) destaca algumas das chamadas práticas formais: educar, tratar, lecionar, psicanalisar. Todas estas notoriamente oriundas de saberes formais, cientificamente outorgados, marcados pelos enunciados de nosso tempo político e social. Destacando educar e lecionar, mencionados por Foucault (1999) como uma das mais importantes práticas formais, podemos visibilizar conjuntos de saberes de um período político e assim analisá-los. Quando pensamos nos modos de educar e lecionar das sociedades disciplinares, por exemplo, marcados por suas intervenções corporais e de controle de tempo e espaço, visando docilizar um corpo que precisava de contenção para a produção, podemos extrair características fundamentais destes momentos sociais, políticos e históricos. Foucault (2008e) destaca o corpo como a entrada privilegiada pela disciplina, mas, na atual vigência da sociedade de controle (DELEUZE, 1992), esta vigilância adquire outro status e novas formas de vigilância, produzidas desta vez ao ar livre. Estes controles muitas vezes passam desapercebidos e são integrados a nossas práticas mais cotidianas, então reproduzimos estas vigilâncias sem nos darmos conta.

Esta perspectiva também permite dissolver um pouco da responsabilização quase criminalizante que os professores assumem em seu cotidiano, compreendendo que estes sujeitos estão sendo produzidos, afetados por determinada condição social e política. O que não significa que eles estão submissos ou são apenas vítimas de um poder absoluto. A concepção empregada é a que o poder está nas relações, sendo exercido, e não é de posse individual ou conferido a uma instituição.

O profissional professor que outrora estava no ápice da engrenagem disciplinar atualmente parece estar submetido a uma prática recheada por controles cotidianos, desconfianças em relação à sua técnica e manejo das atividades nas escolas, numa vigilância sempre à espreita de uma manifestação passível de punição. Como esta posição de destaque de outrora foi revertida para este lugar de suspeita? E quais são os efeitos de habitar um ambiente que é passível de controle e regulamentação tão contínua? Quais são as pistas de uma produção de uma subjetividade docente na atualidade? Seguem neste trabalho algumas propostas para analisar estas transformações.

Figura 2 – Os professores ontem e hoje (LATUFF, 2013)

2

ENTRADAS:
COMPONENTES DA PESQUISA

2.1 Componentes do território político e social das subjetividades

Foucault em *A arqueologia do saber* apresenta sua proposta de pesquisa nomeada como arqueológica e propõe que, em sua obra, que não tratará nem de frase nem de proposição, apenas de enunciados (FOUCAULT, 2008a, p. 18). O autor pensa os enunciados como práticas e entende-os como inseparáveis de produções, apenas possíveis em determinados momentos históricos de modo em que em diferentes tempos seria possível ou impossível pensar de`outra maneira. Ele é privilegiado e valorizado como uma prática discursiva, não remetendo a uma interioridade ou a alguma característica da personalidade, algo analisável ou particular do sujeito. O dito seria uma pista evidente das práticas discursivas e também não discursivas que circulam nas sociedades. Estas, obviamente não são estéreis e estáticas, mas transformam-se o tempo todo, sendo pinçadas e visibilizadas a partir do surgimento de possibilidades enunciativas, diferentes em cada época histórica:

> Os territórios arqueológicos podem atravessar textos "literários" ou "filosóficos", bem como os textos científicos. O saber não está contido somente em demonstrações; pode estar também em ficções, reflexões, narrativas, regulamentos institucionais, decisões políticas [...] A prática discursiva não coincide com a elaboração científica a que pode dar lugar; o saber que ela forma não é nem o esboço enrugado, nem o subproduto cotidiano de uma ciência constituída. (FOUCAULT, 2008a, p. 205).

Neste livro utilizei para realizar análises os mais diferentes campos: matérias jornalísticas, legislações, relatos extraídos do meu diário de campo, entrevistas.... Entendo estas diferentes fontes como possíveis formas que podem tornar visíveis análises da subjetividade docente como produção de determinada época ou condição política e social. A maneira como compreendemos as coisas, como as valoramos, como as tratamos, depende diretamente dos saberes que sustentam tais práticas.

Foucault apesar de não se considerar um filósofo que tinha como principal objeto o poder (DREYFUS; RABINOW, 1983) consegue demonstrar como as disposições destas relações podem produzir verdades, estabelecer hierarquias entre saberes e práticas. O autor redimensiona sua teoria do poder e o coloca como um produto de um tensionamento de forças, que afetam e produzem afetações.

Por meio da utilização destes diferentes materiais, podemos analisar diferentes perspectivas do contexto escolar e as circunstâncias que atravessam a instituição escolar no contemporâneo. Seguindo as pistas provenientes das mais variadas fontes, a proposta é de também analisar falas e apontamentos dos professores em suas tarefas cotidianas, como produtos das intervenções e a expansão do que seria objeto do judiciário e de passível criminalização do professor nas situações escolares.

2.2 Diário de campo

Para situar o leitor, é importante comentar que um dos campos da obra em que foi desenvolvido este livro também propõe análises de situações locais por meio da utilização da ferramenta do diário de campo (LOURAU, 1993), problematizando situações extraídas da minha prática profissional como psicóloga do Núcleo Interdisciplinar de Apoio às Escolas da Secretaria Municipal de Educação do Rio de Janeiro[19]. Nos anos de 2017, 2018 e 2019, realizei grupos com professores acompanhando um projeto que visava incentivar o protagonismo dos jovens nas escolas municipais. A proposta do projeto objetivava tornar a escola mais participativa e atraente para os adolescentes e jovens, dimensão explicitamente recomendada nas Diretrizes Curriculares Nacionais para o Ensino Médio.

Este grupo de professores só foi possível porque se tratava de um projeto que disponibilizava um horário específico para as atividades grupais

---

[19] O Niap (Núcleo Interdisciplinar de Apoio às Escolas) foi instituído por meio da Portaria E/Sube/CED nº 4, de 10 de dezembro de 2009 pela Secretaria Municipal de Educação do Rio de Janeiro (SME). É composto por equipes interdisciplinares formadas por assistentes sociais, psicólogos e professores e tem por finalidade contribuir, por meio do desenvolvimento de ações interdisciplinares, na garantia do acesso, permanência e aproveitamento escolar dos alunos da Rede Pública do Sistema Municipal de Ensino. O Núcleo está distribuído nas 11 Coordenadorias de Educação (CREs). As equipes desenvolvem ações junto às escolas e às CREs. Suas formas de atuação variam de acordo com as especificidades encontradas no território e nas demandas postas ao trabalho pelos diferentes sujeitos que compõem o espaço escolar. Algumas análises deste trabalho podem ser encontradas em Givigi (2012).

que os idealizadores nomearam como "formação". É importante fazer esta consideração, já que cada dia mais são mais raros os espaços de trocas e circulação da palavra entre os profissionais professores (FELICIO; MELO, 2019a). Circula na Secretaria de Educação uma espécie de cerceamento que vem dos mais altos escalões: *"não pode tirar os professores de sala de aula".* *"Lugar de professor é na sala de aula".* Interessante pontuar que o trabalho de discussão, encontros para coletivizar acertos e dificuldades, podem ser tratados como sem importância ou secundários para a educação carioca.

Trabalhando há pouco mais de uma década como psicóloga escolar em escolas públicas municipais do Rio de Janeiro, é necessário situar alguns pontos de nossa proposta coletiva de trabalho, para que possamos compartilhar alguns sentidos deste diário de campo. Integro uma equipe multidisciplinar na Secretaria de Educação denominada de Niap (Núcleo Interdisciplinar de Apoio as Escolas). Este núcleo foi criado em 2010 através de decreto, renomeando e estabelecendo algumas direções à RPE (Rede de Proteção ao Educando). Ele é composto por equipes interdisciplinares formadas por assistentes sociais, psicólogos e professores. Tem por finalidade contribuir por meio do desenvolvimento de ações interdisciplinares, na garantia do acesso, permanência e aproveitamento escolar dos alunos da Rede Pública do Sistema Municipal de Ensino. O Núcleo está distribuído nas 11 Coordenadorias de Educação (CREs). As equipes desenvolvem ações junto às escolas, às CREs e ao Nível Central da Secretaria Municipal de Educação (SME). Nossas apostas de atuação variam de acordo com as especificidades encontradas no território e nas demandas disparadas pelos diferentes sujeitos que compõem o espaço escolar, considerando as inúmeras relações de forças que as produzem.

Nos últimos anos temos desenvolvido trabalhos com diferentes propostas metodológicas, fomentando grupos, atividades coletivas entre alunos, professores, diretores de escolas, acompanhamento de casos com inserções em diferentes políticas, propostas de formação e atuação de coletivização de estratégias e vivências nas escolas, entre outras. Na tentativa de abarcar estes diversos trabalhos, dispomos nossa atuação nos seguintes eixos:

1. **aprendizagens, atenção psicossocial e escola** – neste desenvolvemos ações que problematizam os processos de individualização dos problemas nos denominados "alunos-problemas[20]", buscando

---

[20] Para Patto (1990) o "aluno-problema" seria um resultado de um processo de individualização das questões escolares, recaindo uma responsabilização de alunos em particular. Esses alunos comumente apresentam problemas de aprendizagem e no relacionamento com as escolas. Este processo culmina muitas vezes na medicalização do fracasso escolar.

problematizar e produzir algumas fissuras nos processos medicalizantes e judicializantes nos espaços escolares. Este eixo é uma das demandas mais antigas, estando destacadamente presente nas propostas de trabalho para os profissionais psicólogos nas escolas[21];

2. **Direitos Humanos e escola** – as equipes do Niap buscam contribuir para a difusão e consolidação de uma cultura dos direitos humanos na rede municipal de ensino, desenvolvendo ações situadas no campo da ética e cidadania, risco e vulnerabilidade social, identidades étnico-raciais, diversidade sexual, de gênero, de credo, promoção, proteção e defesa de direitos, entre outros;

3. **convivências e conflito nas escolas** – problematizamos a convivência escolar, espaço de inúmeras questões e demandas comumente endereçadas à nossa equipe de psicólogos. Estas questões tangenciam os complexos temas bullying, conflitos, violências nas escolas, mediação de conflitos, judicialização do ambiente escolar, estre outros;

4. **juventude e escola** – aborda os aspectos relativos ao universo da adolescência no que tange aos conflitos, dificuldades e questões da subjetividade, da diversidade, da sexualidade e de outros pontos relevantes à realidade do jovem dentro e fora do ambiente escolar.

No início do livro, quando me referi a um "mundo de possibilidades e demandas" nas escolas estava sendo fiel à nossa realidade. Esta obra perpassa muitas destas questões aqui apresentadas, já que seu foco é a produção de subjetividade. Nesta aposta estariam presentes muitos destes componentes, sinalizados nos mencionados eixos. Para tornar viável a produção deste trabalho, decidi destacar algumas linhas e desenvolver o processo de produção de subjetividade docente, caso contrário, ficaria imersa em uma descrição minuciosa de cada um destes temas que, de tão complexos, produziriam cada um deles teses distintas. Então, meu recorte foi analisar a produção de importantes componentes desta subjetividade na atualidade. Dentre todas estas questões que se apresentam, como podemos ver os professores a partir de outra perspectiva?

---

[21] O artigo "Queixa escolar: uma revisão crítica da produção científica nacional" sugere algumas análises da produção nacional de psicólogos escolares. Remontam a produção de 35 trabalhos, entre eles artigos e teses sobre a atuação de psicólogos. Segundo a pesquisa todos os trabalhos destacam processos de individualização das questões de aprendizagem, localizando nos alunos os cernes dos problemas e estabelecendo propostas de encaminhamento primordialmente para profissionais de saúde. É imprescindível considerar que para os autores esta situação também despotencializam o tratamento pedagógico destas questões. Assim como nestas pesquisas recebemos destacadamente queixas de ensino e aprendizagem com recortes também apontados.

Os profissionais deste núcleo já são conhecidos por estabelecerem uma aposta crítica e ético-política nas suas intervenções em situações escolares, apesar de cada vez mais estarmos também sendo alvo dos controles da educação. Aproveitando então a possibilidade de constituição de um grupo de professores, decidimos, ao invés de passar conteúdos e propostas já fechadas, usar o espaço para incentivar também o protagonismo dos professores, entendendo a necessidade cada vez mais urgente deste tipo de intervenção.

Ao analisar as falas extraídas de grupos com professores, pretendo trazer uma delimitação local aos aspectos que foram apresentados anteriormente, realizando, com a inspiração foucaultiana, um possível diagnóstico do presente. Castro (2009), comentando o trabalho de Foucault, menciona que o autor por muitas vezes definiu seu trabalho como uma forma de "jornalismo", ou, melhor dizendo, um "jornalismo filosófico" que visa oferecer análises da atualidade.

2.3 Entrevistas com professores

Conforme descrito na apresentação, este trabalho foi impulsionado por um acontecimento na oficina desenvolvida na Faetec, na ocasião das ocupações escolares. A partir das falas de alunos e da entrevista de uma professora, a primeira em especial a destacar este tema da produção de subjetividade docente neste contemporâneo atravessado pela judicialização, intromissão, medicalização das escolas, pude iniciar um caminho que esta obra pode percorrer.

Nos anos subsequentes a esta entrevista que considero como disparadora do livro, outros professores indicaram colegas que também estavam passando por estas situações em seu cotidiano, assim muitos docentes foram entrevistados compondo este trabalho. Durante a elaboração da pesquisa, outros profissionais me procuraram para oferecer seus relatos e situações de profissionais que sofreram este tipo de situação de invasão ou adoecimento por conta destes.

Algumas entrevistas, no entanto, versaram sobre os temas descritos nesta pesquisa — como já evidenciado: expansão da judicialização, adoecimento de professores, individualização de problemas escolares, perseguição e prática docente, entre outros. Estas falas estão descritas no decorrer da obra e servem também à tarefa de visibilizar os acontecimentos na produção de subjetividade docente contemporânea.

2.4 Poder e legislação

Embora o poder não seja tão visível como o saber, ele é um efeito das práticas mediadas pelo saber. Em seu livro *A história da sexualidade*, o autor destaca:

> Dizendo poder, não quero significar "o Poder", como o conjunto de instituições e aparelhos garantidores da sujeição dos cidadãos em um Estado determinado. Também não entendo poder como modo de sujeição que, por oposição à violência, tenha a forma da regra. Enfim não o entendo como um sistema geral de dominação exercida por um elemento ou grupo sobre outro cujos efeitos, por derivações sucessivas, atravessam o corpo social inteiro. A análise em termos de poder não deve postular, como dados iniciais, a soberania do Estado, a forma da lei ou a unidade global de uma dominação; estas são apenas e, antes de mais nada, suas formas terminais. Parece-me que se deve compreender o poder, primeiro, como a multiplicidade de correlações de forças imanentes ao domínio onde se exercem e constitutivas de sua organização; o jogo que através de lutas e afrontamentos incessantes as transforma, inverte; os afrontamentos incessantes as transforma, reforça, inverte; os apoios que tais correlações de força encontram umas nas outras, formando cadeias ou sistemas ou, ao contrário, as defasagens e contradições que as isolam entre si; enfim as estratégias em que se originam cujo esboço geral ou cristalização institucional toma corpo nos aparelhos estatais, na formulação da lei, nas hegemonias sociais. (FOUCAULT, 1988, p. 88).

Então, o poder é, sobretudo, destacado por Foucault como um produtor de saber, de normas, leis, condutas, de opiniões, de verdades. O saber como um meio no qual as estratégias de poder vão se efetuar, implicando estes saberes que foram destacados anteriormente como saberes instituídos: educar, tratar, ensinar e psicanalisar como evidências das circulações e produções de poder mais centrais em determinada época.

Se a verdade é uma produção, podemos, em um esforço teórico, pensar que a enxurrada de decretos, leis e regulamentações referentes à prática de ensinar são também evidências destas relações de poder agindo em nosso cotidiano. Como apontado por Fonseca (2012), não há uma essencialidade ou um único objeto a ser denominado como direito na obra de Foucault, somente algumas *imagens* ou *figuras* legais apontam para o funcionamento delas nos diferentes contextos. Estas noções são mencionadas para enunciar as ideias relativas à norma e à normalização.

Fonseca (2012) prossegue sua análise mencionando que Foucault trabalha com diferentes propostas no decorrer de suas obras referentes à relação entre norma e normalização. Neste trabalho desdobraremos a análise compreendendo que o direito é um mecanismo de normalização, sendo uma prática que caracteriza algumas linhas da subjetivação em nosso presente. Ainda mais adiante, podemos considerar que a própria conduta formalizada de pais e outros inconformados com o que chamam de "educação partidária[22]", a cada dia adquire mais adeptos e evidencia outras forças que adentram o espaço escolar. Esta necessidade de consistência (ou continência) legislativa quer substanciar o já existente mal-estar instalado nas escolas.

Na História da Sexualidade (FOUCAULT, 1988) analisa as estratégias de poder e a produção de saber que se organiza entorno da sexualidade, evidenciando o surgimento de patologias referentes a ela, tais como a histeria, modos de tratamento desta, tais como a psicanálise, meios de controlá-la a partir do controle de natalidade.... No dispositivo da sexualidade se originam inúmeros modos de controle e normatização do sexo. Trazendo esta análise para o ensino, nota-se que o processo de regulamentação e controle cada vez mais insistente e violento da prática de ensinar define uma codificação de condutas que prescrevem verdades sobre as técnicas e, mais invasivas ainda, sobre os afetos no ambiente escolar.

Assim são prescritas condutas lícitas, ilícitas, normais, partidárias, e, no momento em que estas são codificadas e normatizadas por meio de uma prescrição legal ou uma jurisprudência, são reforçadas por códigos que estão presentes em nossa sociedade, por isso a decisão de analisar legislações e outras produções normativas nesta obra. Utilizando as novas manifestações e tentativas de regulamentação da prática docente manifestas pelos insistentes apelos do Escola sem Partido, pinçamos as mais violentas e deflagradas tentativas de controle do espaço escolar e a criminalização da conduta cotidiana de professores. Estes projetos de leis e regulamentos buscam repercutir a ideia de "segurança", "proteção" das supostas tentativas de "doutrinação ideológica" das crianças que estariam, supostamente, indefesas no ambiente escolar podendo ser manipuladas ou desenvolver uma espécie de consciência crítica fora dos padrões ultraconservadores.

---

[22] O tema da "educação partidária" será melhor tratado no capítulo 3: "O programa Escola sem Partido como um analisador da judicialização e criminalização de subjetividades docentes".

2.5 Genealogia e a Educação

Parto de um problema nos termos que ele se coloca atualmente e tento fazer disso uma genealogia. Genealogia quer dizer que eu levo a análise a partir de uma questão do presente.

(Michel Foucault).

Para operar análises de diversas fontes, utilizo a abordagem genealógica[23] proposta por Foucault prioritariamente em seus trabalhos a partir da década de 70, fase em que a arqueologia se juntaria a genealogia. Conforme exposto por Foucault (2008c):

> Chamemos provisoriamente genealogia o acoplamento do conhecimento com as memórias locais, que permite a constituição de um saber histórico das lutas e a utilização deste saber nas táticas atuais. Nesta atividade, que se pode chamar genealógica, não se trata, de modo algum, de opor a unidade abstrata da teoria à multiplicidade concreta dos fatos e de desclassificar o especulativo para lhe opor, em forma de cientificismo, o rigor de um conhecimento sistemático. Não é um empirismo nem um positivismo, no sentido habitual do termo, que permeiam o projeto genealógico. Trata-se de ativar saberes locais, descontínuos, desqualificados, não legitimados, contra a instância teórica unitária que pretenderia depurá-los, hierarquizá-los, ordená-los em nome de um conhecimento verdadeiro, em nome dos direitos de uma ciência detida por alguns. (FOUCAULT, 2008c, p. 171).

Dos estratos de saber, Foucault passa a concentrar-se naquilo que Deleuze (2005) chama de o "não estratificado do poder". Para Fonseca (2012) Foucault sai da fase das análises arqueológicas dos estratos de saber e "passa a pensar a subjetividade moderna enquanto resultado de intervenções de poder" (p. 41). Lógico que esse poder não encontra uma trajetória determinista, sendo exercido e praticado de diversas maneiras pelos mais diferentes sujeitos. Estes sujeitos são os das práticas e que exercem saberes cotidianos, não sendo necessariamente notáveis ou destacados em seu contexto social.

---

[23] O método genealógico propõe desassujeitar os saberes históricos, tornando-os capazes de oposição e de luta contra "a ordem do discurso"; isso significa que a genealogia não busca somente no passado a marca de acontecimentos singulares: "ela deduzirá da contingência que nos fez ser o que somos, a possibilidade de não mais ser, fazer ou pensar o que somos, fazemos ou pensamos". Não é um simples empirismo, "nem tampouco um positivismo, no sentido habitual do termo". Trata-se, de fato, de ativar saberes locais, descontínuos, desqualificados, não legitimados, contra a instância teórica unitária que pretenderia depurá-los, hierarquizá-los, ordená-los em nome de um conhecimento verdadeiro (REVEL, 2005).

A genealogia, neste sentido, será uma útil ferramenta para delinear diferentes perspectivas aos acontecimentos, reposicionando os sujeitos nas circunstâncias e também emergência de novos, extraindo as engrenagens das formações históricas e, por conseguinte, de nossa própria constituição, em busca da singularidade destes processos, reencontrando diferentes cenas e saberes que não necessariamente detiveram os holofotes da história.

Na proposta de investigação genealógica, é possível operar um deslocamento de uma abordagem psicologizante ou sociodeterminista da dinâmica social, para eleger a análise dos processos de subjetivação ativados por diversas forças em circulação nesta dinâmica, destacando a problematização da composição dos processos de subjetivação de profissionais professores. Esta perspectiva será fundamental para analisarmos as relações que criminalizam o professor e ainda individualizam seus processos de adoecimento por meio de medicalização.

Pensando numa perspectiva de produção de subjetividade, a genealogia permite que haja

> [...] uma forma de história que dê conta da constituição dos saberes, dos discursos, dos domínios de objeto, etc. Sem se referir a um sujeito, seja ele transcendente com relação aos acontecimentos seja perseguindo sua identidade vazia ao longo da história (FOUCAULT, 2008c, p. 7).

Nesse sentido, Foucault problematizou fatos e acontecimentos negligenciados por muitos outros historiadores, tratando o que deveria estar invisível, tangenciando esferas de poder que se espreitam na surdina, assim como acontece na regulação atual dos sujeitos pelas práticas jurídicas. Quais são os elementos de poder que circulam neste processo? Neste sentido o autor recomenda acerca da perspectiva:

> Não é um empirismo nem um positivismo, no sentido habitual do termo, que permeiam o projeto genealógico. Trata-se de ativar saberes locais, descontínuos, desqualificados, não legitimados, contra a instância teórica unitária que pretenderia depurá-los, hierarquizá-los, ordená-los em nome de um conhecimento verdadeiro, em nome dos direitos de uma ciência detida por alguns. (FOUCAULT, 2008c, p. 171).

Seguindo a proposta de visibilizar a positividade que este sistema massificado e judicializante produz e reproduz continuamente, na medida em que cria determinações generalizáveis e legalistas, ou seja, a intenção é ir em busca da produção que esta lógica difunde continuamente no cotidiano escolar. Esta pesquisa pôde enunciar elementos da genealogia destas forças judicializantes e penalizantes, bem como a genealogia das composições subjetivas que vêm sendo engendradas neste funcionamento. Seguindo esta problematização, configurada no pensamento de Michel Foucault, é fundamental para a análise do educador contemporâneo, visibilizar os inúmeros processos de esvaziamento de suas potencialidades singulares diante das constantes interferências judiciarias e policialescas no ambiente escolar.

Tendo neste ambiente o acesso a um pensamento crítico, que pode interferir no processo de regulamentação e controle dos sujeitos, os professores e outros profissionais que questionam ideias neoliberais, apoiando-se em propostas críticas, são perigosos para este tipo de arranjo de dominação e controle social. O professor que está na escola convocando os alunos para pensar na sua posição diante das forças de dominação torna-se um verdadeiro inimigo. É importante mencionar que estas lógicas são produzidas e difundem-se em uma necessidade de vigilância e controle de todos os professores.

Figura 3 – A escola e a polícia (LATUFF, 2012)

3

O PROGRAMA ESCOLA SEM PARTIDO COMO UM ANALISADOR DA JUDICIALIZAÇÃO E CRIMINALIZAÇÃO DE SUBJETIVIDADES DOCENTES.

Mais eficazes do que policiais podem se tornar os defensores de uma normalidade a qualquer preço.
(Félix Guattari)

Para Lourau (1993), o analisador é um disparador que proporciona questionamentos das verdades instituídas. Pode funcionar como elemento analisador de situações naturais ou construídas, como exemplo de falas, eventos, entre outros. Neste trabalho, tomaremos as análises do programa Escola sem Partido como um analisador, pois ele compõe "num só golpe" (LOURAU, 1993, p. 35), uma ação que pode visibilizar o endurecimento ou engessamento de algumas linhas duras que surgem, em especial, nas escolas.

O movimento Escola sem Partido (ESP) foi criado em 2003, mas atualmente ganha uma assustadora força, justamente neste contexto das ofensivas ultraconservadoras, judicializantes e moralistas, podendo visibilizar um recrudescimento do processo de judicialização nas escolas. Segundo o site oficial do movimento (ESP, 2003), esta: "é uma iniciativa conjunta de estudantes e pais preocupados com o grau de contaminação político-ideológica das escolas brasileiras, em todos os níveis: do ensino básico ao superior".

Ainda, segundo o site:

> [...] a pretexto de transmitir aos alunos uma "visão crítica" da realidade, um exército organizado de militantes travestidos de professores prevalece-se da liberdade de cátedra e da cortina de segredo das salas de aula para impingir-lhes a sua própria visão de mundo.

Segundo o fundador do ESP, um procurador do Estado de São Paulo, Miguel Nagib, o professor de História da escola de suas filhas teria comparado Che Guevara a São Francisco de Assis. Segundo ele, o docente teria proposto que ambos teriam modificado toda a sua vida por conta de uma ideologia política ou religiosa. Segundo o procurador, "as pessoas que querem fazer a cabeça das crianças associam as duas coisas e acabam dizendo que Che Guevara é um santo" (BEDINELLI, 2016b. O procurador remonta que essa não teria sido a primeira vez que o professor teria dito em sala de aula algo que ele julgava como "doutrinação".

Como resposta ao comentário, o procurador teria escrito uma carta aberta ao professor, impresso 300 cópias e distribuído no estacionamento da escola. Mas, segundo o próprio Nagib, a recepção não teria sido das melhores: "[f]oi um bafafá e a direção me chamou, falou que não era nada daquilo que tinha acontecido. Recebi mensagens de estudantes me xingando. Fizeram passeata em apoio ao professor e nenhum pai me ligou" (BEDINELLI, 2016b). Nagib defende esse tipo de prática, sempre convidado a falar em entrevistas comenta o temido poder dos alunos sobre os professores:

> Para Nagib, as falas em sala de aula têm um peso grande, porque os professores são geralmente figuras queridas, vistas como ídolos pelos estudantes e **porque os alunos são obrigados a ouvi-lo**, "não podem sair para tomar um cafezinho quando o professor começa a falar sobre essas coisas". É justamente por isso, diz, que a lei que seu movimento criou não pode ser acusada de censura, como fazem os opositores, na opinião dele. "Não é cerceamento à liberdade de expressão porque o professor não tem direito à liberdade de expressão na sala de aula", diz ele. "Se o professor tivesse, ele sequer seria obrigado a apresentar o conteúdo. A prova que ele não tem liberdade de expressão é que ele tem uma grade curricular obrigatória por lei. Liberdade de expressão é a que a gente exerce no Facebook. Ele não pode agir em sala de aula como ele age no Facebook", afirma. "A segunda prova disso é a seguinte: ele pode [na sala de aula] impor aos seus alunos seus pontos de vista. Se exerce a liberdade de expressão em locais onde as pessoas não são obrigadas a escutar o outro. Na TV se pode mudar de canal. De um pregador na praça, se pode desviar. Mas o aluno está ali na condição de audiência cativa", conclui. (BEDINELLI, 2016b, grifo nosso).

Nota-se que, desde sua fundação, o ESP surge a partir de uma experiência particular de um pai insatisfeito com a educação privada que paga para sua filha, cabendo também uma análise da escola neste lugar de empresa, em que o cliente tem que estar sempre satisfeito. Para Foucault (2008c) esta relação empresarial e sua necessidade de regulamentação jurídica estão intimamente relacionadas: "[s]ociedades indexadas à empresa e sociedade enquadrada por uma multiplicidade de instituições judiciárias são duas faces de um mesmo fenômeno" (p. 204). Infelizmente, este caso anteriormente particular, após mais de dez anos de sua criação, ocupa espaços importantes de poder institucionalizado, principalmente após a eleição presidencial de 2018. Conforme menciona Guattari e Rolnik (1996, p. 21) "nos agenciamentos de poder capitalístico em geral são sempre os mais estúpidos que se encontram no alto da pirâmide".

Além desta tentativa de criação legislativa do movimento com iniciativa do município do Rio de Janeiro, foram em diversos estados e municípios desenvolvidas propostas de leis com evidente influência das propostas do programa Escola sem Partido[24]. Como analisadores desta iniciativa, podemos citar alguns projetos de lei apresentados ou ainda em trâmite no Congresso como o PL 7180/2014, que "inclui entre os princípios do ensino o respeito às convicções do aluno, de seus pais ou responsáveis, dando precedência aos valores de ordem familiar sobre a educação escolar nos aspectos relacionados à educação moral, sexual e religiosa", o PL 7181/2014, arquivado, desarquivado posteriormente e está em análise atualmente, que pretende engessar por dez anos a fixação de parâmetros curriculares nacionais, o PL 1411/2015 que tipifica o crime de "assédio ideológico" nos espaços educacionais, destacamos que, em seu artigo 2º, o autor da lei define o que seria "assédio ideológico":

> Entende-se como Assédio Ideológico toda prática que condicione o aluno a adotar determinado posicionamento político, partidário, ideológico ou qualquer tipo de constrangimento causado por outrem ao aluno por adotar posicionamento diverso do seu, independente de quem seja o agente.

---

[24] O procurador Nagib rapidamente recebeu o apoio incondicional da família Bolsonaro, do Movimento Brasil Livre (MBL) e das bancadas evangélicas. A localização da família Bolsonaro dentro do espectro de posicionamentos políticos é bem conhecida — uma evidência disso foi a presença de um homem personificado de Adolf Hitler para defender pela primeira vez uma proposição de uma "escola sem partido" em uma audiência pública proposta pelo então vereador Carlos Bolsonaro (PP) na Câmara dos Vereadores do município do Rio de Janeiro, também podemos mencionar a atual eleição de quase toda família para cargos executivos e a eleição do Jair Bolsonaro à Presidência da República e as inúmeras manifestações a favor de pautas retrógradas, violentas em relação às diferenças e quem tem na educação um dos maiores alvos no corte de recursos e de incentivo à produções cerceadoras e punitivas.

Também destacamos o projeto de lei 867/2015 que inclui nas diretrizes e bases da educação nacional o programa Escola sem Partido. A síntese disponível no site da Câmara dos Deputados é que a lei "inclui entre os princípios do ensino o respeito às convicções do aluno, de seus pais ou responsáveis dando precedência aos valores de ordem familiar sobre a educação escolar nos aspectos relacionados à educação moral, sexual e religiosa". Pelo Senado tramita o Projeto de Lei 193/2016 apresentado pelo senador Magno Malta (PR-ES), que vai além das questões explicitadas pelo programa Escola sem Partido e também veda a "ideologia de gênero".

Estas inúmeras iniciativas legislativas demonstram uma supervalorização dos aspectos jurídicos e punitivos nas relações escolares, assim como a expansão das ideias que envolvem o controle e suspeita de atividades escolares, traçando um movimento que se organiza em torno da regulamentação da prática docente, considerada por estes parlamentares como perigosa.

Os defensores do programa ESP utilizam argumentos muito bem definidos e que, aos olhos menos atentos, podem ser confundidos com ideias progressistas. Em seus textos que embasam as suas propostas legais são encontradas ideias de libertação, equidade e igualdade internacionais, com destaque à Carta Magna e inciso VI do artigo 5º da Constituição Federal. Ou seja, este projeto de regulamentação, cerceamento da educação e excessivo viés judicializante opera por meio de um discurso com o tom aparentemente libertário e democrático.

Este movimento de controle excessivo e verdadeiro combate à educação não se resume apenas ao movimento Escola sem Partido, mas a toda uma rede institucionalizada e apoiada pela bancada BBB[25] (Boi, Bíblia e Bala) no Congresso Nacional por meio de Projetos de Lei que atacam direta e indiretamente o Plano Nacional de Educação, a Lei de Diretrizes e Bases da Educação, as representações do Conselho Nacional de Educação, o Fórum Nacional de Educação, o Estatuto da Criança e do Adolescente, a Constituição Federal (LIMA, 2017). Segundo alguns autores (LIMA, 2017; PENNA, 2017) o programa também recebe apoio formal de diversas organizações liberais,

---

[25] "A Bancada BBB é um termo usado para referir-se conjuntamente à bancada armamentista ("da bala"), bancada ruralista ("do boi") e à bancada evangélica ("da bíblia") no Congresso Nacional do Brasil. As agendas das bancadas estão alinhadas à direita política e ao conservadorismo brasileiro. O termo "BBB" foi usado pela primeira vez pela deputada federal Erika Kokay em uma reunião da bancada do Partido dos Trabalhadores na Câmara dos Deputados no início de 2015. A expressão logo se difundiu entre parlamentares de partidos de esquerda e parte da mídia, que identificam nessa articulação uma ameaça aos direitos humanos e das minorias no país". CONTEÚDO aberto. In: WIKIPÉDIA: a enciclopédia livre. Disponível em: https://pt.wikipedia.org/wiki/Bancada_BBB. Acesso em: 2 abr. 2019.

tais como o Instituto Millenium, o Instituto Liberal, Instituto Liberdade, Instituto de Estudos Empresariais, o Instituto Mises Brasil, os Institutos de Formação de Líderes, o Instituto Liberal do Nordeste, o Instituto Ordem Livre e o Estudantes pela Liberdade.

Outro ponto importante a colocar sobre este programa é que a preocupação com a doutrinação e com a contaminação ideológica a ser desempenhada pelos professores refere-se apenas a ideias que questionam a sociedade capitalista e os modos hegemônicos de subjetivação. Paradoxalmente ideias liberais e com incentivo à lógica de produção e heteronormativa (LIMA, 2017) são apontados como ideias importantes a serem incentivadas nas escolas e currículos, sendo notoriamente citados no site do movimento.

No site do ESP, que é referenciado como fonte de informações privilegiado pelos organizadores do ESP, encontramos artigos variados com críticas ao modelo de educação (chamado pelos autores de doutrinação), em particular a Paulo Freire[26], que é mencionado pelos integrantes como um autor responsável por boa parte da "doutrinação comunista nas escolas". É interessante pontuar a intenção de combate à "doutrinação" como uma das principais linhas de força da família Bolsonaro, tendo o presidente eleito feito em uma das suas primeiras declarações oficiais uma menção ao combate à "doutrinação comunista nas escolas" uma das suas metas para seu governo.

Penna (2017) acredita que o movimento Escola sem Partido desde seu surgimento não foi enfrentado de maneira eficiente e que por muita das vezes foi encarado por pesquisadores e professores como algo ridículo e por diversas vezes motivo de risadas e deboche nos meios acadêmicos. Podemos ainda afirmar que as linhas judicializantes já estão há muito tempo presentes nas escolas, exigindo mais controle da atividade docente (FELICIO, 2016; FELICIO; MELO, 2019a). Mas infelizmente o que se pensava impossível concretiza-se em nosso cotidiano e atualiza-se como uma força institucionalizada e duríssima sobre a educação.

A citada página conta também com links sobre os livros recomendados pelo movimento, chamada de "Biblioteca Politicamente Incorreta". Nesta, são indicados apenas quatro livros: *O Guia Politicamente Incorreto da História do Brasil* (NARLOCH, 2019, *O Guia Politicamente Incorreto da América Latina* (NARLOCH; TEIXEIRA, 2015, *O livro Por uma Crítica da Geografia Crítica* (DINIZ FILHO, 2013) e o livro *Professor Não é Educador* (MOREIRA,2011). Este

---

[26] O pedagogo Paulo Freire é uma da maiores referências da pedagogia brasileira e frequentemente é alvo de críticas do ESP. No capítulo 5: "Narrativas dos professores no contemporâneo" será melhor apresentada essa relação.

último tem o título sempre repetido pelos defensores do projeto. Também são indicados dois blogs. Um deles é o Tomatadas, de autoria do professor Luís Lopes Diniz Filho, do departamento de Geografia da Universidade Federal do Paraná, um dos autores indicados na seção "Biblioteca Politicamente Incorreta".

Ao analisar o conteúdo do site, chama a atenção uma repetição incessante do termo *doutrinação*, sendo esta, notoriamente, uma das maiores preocupações dos idealizadores da plataforma. Segundo Penna (2017) em nenhum momento do projeto de lei ou até mesmo em qualquer outro material de divulgação eles definem o que seria essa tal "doutrinação política e ideológica", apenas afirmam maciçamente que o professor não é um educador e que a educação seria uma reponsabilidade da família e da Igreja.

Desdobrando a *"doutrinação"* os integrantes também caracterizam a chamada "Síndrome de Estocolmo", destinada a relatar casos em que alunos defendem seus professores *"doutrinadores"*. Segundo eles *"vítima de um verdadeiro sequestro intelectual"*, o estudante doutrinado quase sempre desenvolve, em relação ao professor *"uma intensa ligação afetiva"*, isso seria a explicação para a defesa dos estudantes aos professores que são acusados de manipularem alunos. Para esboçar esta investida, destaco uma carta fornecida pelos organizadores do ESP (NAGIB, 2017):

> Prezado Militante Disfarçado de Professor:
>
> 2016 está chegando ao fim. Foi um ano de ouro para a militância em sala de aula, não é mesmo? O ano do "gópi", do "Fora, Temer!", das "ocupações" contra a PEC 241... Quanta politicagem! E a trabalheira para "desconstruir a heteronormatividade dxs alunxs"? Mesmo sem dar aulas e fazendo aquilo de que mais gosta, você deve estar exausto. Agora vêm as férias, o descanso merecido antes de voltar ao front em 2017. Pois é de 2017 que eu gostaria de lhe falar. Tudo indica que não será um ano muito tranquilo para politiqueiros como você. O problema é que, graças em parte ao trabalho realizado pelo Escola sem Partido – que você tanto odeia quanto teme –, a doutrinação ideológica e a propaganda política e partidária em sala de aula estão se tornando uma atividade de alto risco [...] E o que é pior: essas pessoas já entenderam que aquelas práticas, além de covardes e antiéticas, são ilegais, o que significa que você pode acabar tomando um processo nas costas caso venha a causar algum dano, material ou moral, a qualquer dos seus alunos [...] Só para você ter uma ideia:

> nos juizados especiais, se o valor da indenização pleiteada for igual ou inferior a 20 salários mínimos (R$ 15.760,00), o autor da ação nem precisa gastar dinheiro com advogado: ele mesmo pode assinar a petição, cujo modelo eu terei o prazer de disponibilizar. (NAGIB, 2017).

Outro trecho:

> **O simples fato de ser processado já é uma "condenação".** Enfim, tudo vai depender das suas vítimas. Se elas não se acovardarem ou se omitirem, você vai receber tantas intimações que pode acabar ficando amigo do carteiro ou do oficial de justiça. [...] Desejo-lhe, portanto, um 2017 cheio de denúncias e processos. Que seus alunos não caiam na sua conversa, e os pais deles estejam sempre de olho em você. Estes são os meus votos de Ano Novo para você e seus colegas de militância. Sem o menor respeito ou admiração. (NAGIB, 2017, Grifo nosso).

Nestes trechos elaborados pelo idealizador e um dos maiores representantes do programa Escola sem Partido, notamos a violência, a propagação do medo e incentivo à judicialização que este movimento impulsiona. Nas escolas os professores começam a se dar conta que o que anteriormente parecia caricato e impossível (PENNA, 2017) atualmente toma forma e efetivamente ocupa diversas posições de poder institucionalizadas na sociedade brasileira.

Infelizmente podemos citar inúmeros efeitos da propagação, estas ideias de vigilância, que colocam em suspeito os conteúdos e materiais pedagógicos. A Escola Modelar Cambaúba, localizada na Ilha do Governador, Rio de Janeiro, realizou em evento denominado grande Expo, que trazendo a música como tema central, discutiram inúmeras questões, tais como aspectos físicos da música, sons da natureza, entre outros. Quando os educadores apresentaram temáticas no campo dos Direitos Humanos, tais como racismo e heteronormatividade, um grupo de pais teria ficado contrariado com os materiais que teriam sido produzidos pelos próprios alunos. Eles teriam reagido de maneira violenta rasgando os cartazes e ameaçando denúncias para o Escola sem Partido (ESP). Um pai da escola em entrevista me disse: "não acreditei que eles estavam rasgando os cartazes das crianças! Fomos impedir e gerou um enorme tumulto, as crianças choravam e eles diziam que não deixariam os filhos serem educados em uma escola de comunistas gays" (Diário de campo em 5 de junho de 2019).

A situação se agravou tanto na escola, que segundo o pai:

> Os professores estão acovardados, com medo de serem processados por esses pais, estão tentando não falar mais sobre o assunto. Para apoiar os profissionais e também fortalecer a discussão destes temas na escola os pais fizeram um abaixo assinado na internet pedindo apoio a comunidade, assegurando a liberdade de expressão e pluralidade de temas pedagógicos a serem discutidos na escola.

Podemos, portanto, a partir da ascensão deste ultraconservadorismo, compreender muitas das constantes violações aos Direitos Humanos e uma espécie de permissividade que engrossa a criminalização alastrada e extermínio da nossa juventude. Estas constantes perdas de diretos produzem uma indiscriminada insegurança. Compreendemos que nada mais é tido como seguro ou como direito das pessoas. Estes ataques se dirigem a várias subjetividades, desde funcionários públicos, mulheres, até aposentados, destacando neste trabalho o professorado brasileiro.

Dentre as categorias profissionais, os professores despontam como exímios exemplos de ataques e vigilâncias já citadas. Neste cenário de destruição e proliferação de insegurança (ROLNIK, 2013), a educação torna-se muito mais supérflua numa sociedade que praticamente luta por sua própria sobrevivência, com inúmeros direitos e garantias colocadas em suspenso.

Figura 4 – Sem nome (LATUFF, 2011)

Figura 5 – Tempos modernos nas escolas II (LATUFF, 2019)

3.1 Ocupações e resistência: um "público cativo"?

> *É preciso de crianças que se recusam a aceitar o sistema de educação e de vida que lhes é proposto – para que estes processos se efetivem, eles devem criar seus próprios modos de referência, suas próprias cartografias, devem inventar a sua práxis de modo a fazer brechas no sistema de subjetividade dominantes*
>
> (Félix Guattari e Sueli Rolnik)

Nos inúmeros materiais legislativos disponibilizados no site oficial do movimento Escola sem Partido, os alunos são citados como "audiência cativa" e "alunos vulneráveis à doutrinação", localizando crianças e adolescentes discentes como meros espectadores e possíveis reféns do processo de ensino-aprendizagem. A etimologia da palavra *cativo* significa *prisioneiro* ou *escravo*, notoriamente reservando ao estudante este lugar de passividade diante dos processos escolares e educacionais.

Interessante notar que, principalmente no relato cotidiano dos professores, estes mesmos alunos não são considerados dentro da mencionada passividade diante da "doutrinação". Seguem os fragmentos:

> *Não adianta nem passar um conteúdo mais fechado de português sem um texto porque os alunos saem antes das 11 horas.* (Professor de ensino médio em 7 de novembro de 2018).

> *Hoje em dia temos que ter uma criatividade grande, tem muita informação disponível na internet e para a aula ficar interessante temos que inventar, senão o aluno não fica. Isso tanto no público quanto no particular.* (Professora de ensino fundamental em 7 de novembro de 2018).

> *Os alunos de hoje em dia são muito críticos, o que adianta colocar um conteúdo que não passa pela vida deles? Tem que ter sentido.* (Professora de ensino médio em 30 de outubro de 2018).

> *Os alunos não gostaram do projeto. Iniciei com um grupo grande de cerca de 20 alunos. No terceiro encontro só sobraram 4. Eu estou fazendo alguma coisa de errado, não estou chegando perto deles.* (Professor de ensino médio em 30 de outubro de 2018).

> *Se você constrói o projeto sem ouvir os estudantes ele não funciona na escola. Agora, se você consegue cativar seu trabalho toma forma e eles até participam na divulgação.* (Professor de ensino médio em 30 de outubro de 2018).

> *Tem aluno que não tem a possibilidade de discutir muitos temas, que envolvem sexualidade, escolhas na adolescência, gravidez, com seus colegas da escola. Se o grupo pode se encontrar e ajudar a ter o mesmo acesso, a vivências que eles tiveram enquanto adolescentes, esse é o objetivo. Não adianta priorizar só biologia! Tem que ter a vivência do aluno em qualquer atividade.* (Professor de ensino médio em 30 de outubro de 2018).

Os alunos não são classificados pelos professores como uma "audiência cativa". Nota-se que a relação narrada pelo professor é muito mais próxima de uma relação de troca e experimentação. Outra questão que emerge a partir destas constatações é a completa falta de experiência na prática da educação destes idealizadores do movimento Escola sem Partido. O idealizador do movimento é da área do direito, e é incomum a aderência de professores às propostas do programa Escola sem Partido (PENNA, 2016).

Os alunos demonstram que são capazes de intervir e reivindicar um espaço escolar diferente, que passe mais pelo diálogo e pela busca de soluções e práticas mais coletivas. Estas intervenções acontecem das mais diferentes formas, que vão desde o desinteresse até a indisciplina escolar. Interessante pontuar que os professores no cotidiano de seus relatos apresentam inúmeras críticas em relação aos alunos, estas estão muitas vezes imbricadas no que estes profissionais pensam ser o papel da escola. Muitos professores localizam a escola unicamente como responsável pela transmissão de conteúdos pedagógicos formais, mas outros, em contrapartida, ressaltam o espaço escolar como um importante ambiente de coletivização para a maioria das pessoas que lá estão inclusive também aos próprios professores.

> *A escola é da comunidade, ao entrar na escola você já percebe a diferença de uma comunidade que gosta ou não dela. Eu já entrei em muita escola sem um piche, que fica aberta e a comunidade mesmo vigia.* (Professor de ensino fundamental em 7 de novembro de 2018).

> *Quando eu comecei a dar aulas não sabia a complexidade de coisas que iria ter que lidar! Uma turma é um mundo de questões de histórias familiares, de encontros de vida.* (Professor de ensino fundamental em 16 de abril de 2017).

> *A escola de hoje não se preocupa apenas com matemática e português, temos que pensar em discutir racismo, gravidez, relacionamento familiar. É muito maior do que uma disciplina.* (Professor de ensino médio e fundamental em 16 de abril de 2017).

Portanto, nota-se que esta ideia profundamente difundida pelo programa Escola sem Partido na verdade tem pouca ou nenhuma articulação com a realidade dos professores, alunos ou da escola em geral. Para a Psicologia, a adolescência é um momento peculiar de mudanças e questionamentos (ABERASTURY; KNOBEL, 1989), exigindo muitas transformações e reposicionamentos constantes dos próprios adolescentes, de pais, professores, entre outros. Seria então minimamente contraditório colocar os alunos neste lugar de submissão e *"receptação de doutrinação"*?!

Ao comentar as características do poder em sua fase genealógica, Foucault enuncia: "onde há poder há resistência e, no entanto (ou melhor, por isso mesmo) esta nunca se encontra em posição de exterioridade em relação ao poder" (FOUCAULT, 2008a, p. 105). Lógico que este caráter "dominado e submisso" atribuído aos alunos pelo ESP desconsidera as próprias relações de poder e a maneira como elas se arranjam na realidade. Propagando uma noção etérea e idealizada de postura docente e também discente, os idealizadores do ESP pensam o poder numa relação bastante hierarquizada, sendo de domínio exclusivo de professores, revelando uma compreensão maniqueísta das relações. Seguindo o pensamento de Foucault, compreendemos que onde há poder, há também a possibilidade de engendramento de resistências, de forma que poder e oposições se capilarizam em relações contínuas de forças, como dois lados da mesma moeda.

Outra noção notoriamente questionável difundida pelo programa Escola sem Partido menciona o verdadeiro perigo proposto na autoridade do professor. Os idealizadores dos projetos temem que a subserviência e total submissão dos alunos aos professores também incitaria a chamada "dominação". Mais uma vez, noto que, partindo da análise das relações escolares, esta ideia não corresponde à realidade docente:

> *O professor e a direção devem respeitar o espaço dos alunos, não adianta avançar que eles não colaboram. Fica inviável hoje em dia esse modelo autoritário não funciona mais.* (Professor de ensino fundamental em 7 de novembro de 2018).

> *Para conseguir fazer os grupos com os adolescentes tive que vender a ideia que seria muito legal para eles, que eles seriam importantes no processo. Senão não atrairia ninguém. A juventude escolhe aonde estar, a escola concorre com um monte de coisas.* (Professor de ensino médio em 7 de novembro de 2018).

A aposta dos idealizadores deste projeto circunda a noção que, pelos professores estarem em uma posição de autoridade por conta de terem mais anos de escolarização formal, reforçariam este lugar de autoritarismo doutrinador. Esta lógica representa a total redução da experiência escolar a apenas um recolhimento de conteúdo. Como afirma Larrosa (2002, p. 19), "como se o conhecimento se desse sob a forma de informação, e como se aprender não fosse outra coisa que não adquirir e processar informação", aprender é muito mais do que isso, circulam afetos, movimentos e intenções.

Foucault (2008a) localiza que, durante a modernidade, foram dispostos como opostos os conceitos de *logos* (razão ou discurso sobre a racionalidade) e *pathos* (paixão). Essa separação associou as paixões e a experiência do sensível à irrazão, deslocando-as dos processos formais de desenvolvimento científico, acadêmico. Acompanhando o percurso do *pathos*, verificamos que este perde sua essência e torna-se algo proveniente de uma irracionalidade que deve ser contida. Possivelmente os idealizadores deste movimento ainda estão sedimentando suas construções baseados nesta dicotomia, já que querem controlar os afetos dos alunos pelos docentes e vice-versa e querem que a experiência escolar possa ser resumida em apenas uma transmissão supostamente "neutra" da realidade.

A oposição entre *pathos* e *logos* também dizia respeito à compreensão do primeiro conceito como a passividade do sujeito que sofria com a experiência irracional (*pathos*) e dominante, e do segundo conceito como o pensamento lúcido e científico (*logos*). Essa oposição certamente é uma das mais difundidas na filosofia, variando das discussões de filósofos gregos como Sócrates, Platão e Aristóteles até a concepção dos filósofos estóicos e, posteriormente, dos modernos, como Descartes. Impressionante notar que estas ideias ainda têm muita aderência, sendo personificadas em mais uma proposta educativa deste grupo.

A lógica padronizada da educação, que a concebe apenas numa dimensão transcendente (DELEUZE, 1998), reforça uma divisão que reduz a experiência escolar a uma experiência despotencializada, passível de controle e de cerceamento. Como já dito anteriormente este enquadramento produz efeitos negativos que reduzem o conhecimento ao reconhecimento e a representação, descartando a dimensão na exterioridade nas relações que acontecem nas escolas.

3.2 Outro analisador: as ocupações escolares

Outro analisador (LOURAU, 1993) que proponho seguindo esta problematização é o movimento das ocupações estudantis, mencionada por inúmeros autores como movimentos de insurgência e revolta, caracterizados por uma recusa dos alunos. Detentores de uma pauta absolutamente heterogênea, que reivindicava desde a mudança no cardápio dos bandejões escolares até as propostas pedagógicas empregadas pelos docentes. Estas manifestações impulsionaram movimento na relação do alunado com o espaço escolar. (PASSETI; AUGUSTO, 2014; ROLNIK, 2013).

Notamos principalmente no Brasil contemporâneo que fora anteriormente marcado por alguns movimentos insurgentes como a ocupação das escolas, o movimento "#EleNão", o fortalecimento de diferentes movimentos sociais como um reflexo contra a ascensão da ultradireita, que adquirem espaços notáveis de poder nas eleições de 2018, contando com uma importante divulgação e mobilização das plataformas virtuais.

Apesar de a fabricação capitalística buscar a normalização, que agencia medos e configura sujeitos conformados e dóceis, e também proliferar largamente processos de culpabilização e infantilização, silenciando reinvenções e estranhamentos de crianças e adolescentes, os modos de indignar-se, revoltar-se e organizar-se constituem possíveis fissuras destas formas. Nas e com as ocupações, têm se disseminado entre jovens movimentações que contestam padrões e normas estabelecidas. Pensando com Guattari:

> é preciso de crianças que se recusam a aceitar o sistema de educação e de vida que lhes é proposto-para que esses processos se efetivem, eles devem criar seus próprios modos de referência, suas próprias cartografias, devem inventar suas práxis de modo a fazer brechas no sistema de subjetividade dominante. (GUATTARI; ROLNIK, 1986, p. 49-50).

É possível compreender que estas experiências possam acionar alguns processos de reapropriação e movimentação da subjetividade evocando processos singulares.

Para o Comitê invisível[27] (2016), estes movimentos anárquicos que em outrora questionam os movimentos rígidos e instituídos de uma sociedade conservadora são prontamente aproveitados e revertidos em movimentos que incentivam o fortalecimento do capital. Para eles o capital não evita as crises, mas sim as incentiva, entendendo como uma aproximação tática aos movimentos ultraconservadores.

> A crise presente, permanente e omnilateral, já não é mais a crise clássica, o momento decisivo. Pelo contrário, ela é um final sem fim, um apocalipse sustentável, suspenção indefinida, diferimento eficaz do afundamento coletivo e, por tudo isso, estado de exceção permanente. A crise atual já não promete mais nada – ela tente, pelo contrário a libertar quem governa de toda e qualquer contrariedade quanto aos meios aplicados. (COMITÊ INVISÍVEL, 2016, p. 28).

Para alguns autores estes movimentos de insurgência marcaram seu início no Brasil a partir das chamadas "jornadas de julho de 2013", que tiveram seu estopim de eclosão no aumento das passagens de ônibus em São Paulo. Esses movimentos, assim como o de ocupação estudantil, tiveram inspiração em outros movimentos internacionais, tal como a chamada Primavera Árabe de 2010, iniciada na Tunísia (ROMANOS, 2016). Este movimento teria influenciado o chamado *Occupy* na bolsa de Wall Street, que foi duramente reprimido pelas forças policiais (ROMANOS, 2016).

Estes movimentos parecem ter uma relação intrínseca com a crise econômica global que se assevera desde 2008, agravando ainda mais as desigualdades sociais, a fragilidade de políticas públicas, o desemprego. Conforme destacado por Romanos (2016), é necessário reconhecer uma

---

[27] Comitê Invisível é um grupo anônimo de pensadores e ativistas sediados na França, eles convocam seus leitores a pensar sobre as relações de poder na atualidade e sua complexa rede de infraestruturas.

conexão destes movimentos instituintes que proliferaram por todo o mundo de forma contagiosa e que demonstraram que era possível rebelar-se.

Destacando esta ideia de contágio, atualmente quase instantâneo por conta da difusão da internet e das redes sociais, proliferaram também no Brasil, os movimentos de ocupação de escolas no Brasil. Estas ocupações posteriormente foram batizadas de "primavera estudantil" (GIMENES, 2016). Elas foram combinadas, divulgadas e difundidas principalmente por meios digitais, tais como o WhatsApp e Instagram. Este contágio é impulsionado de forma quase instantânea por conta da difusão da internet e das redes sociais. A utilização e importância das redes sociais é uma característica das manifestações juvenis, especialmente a partir dos anos 2000 (JANUÁRIO *et al.*, 2016).

O contágio molecular possivelmente influenciou a eclosão de outros movimentos locais, seguimos as pistas das Jornadas de Junho de 2013 no Brasil, dos movimentos #EleNão e das diversas ocupações que tivemos em 2016 no Rio de Janeiro e da atual ocupação dos estudantes do Cefet[28] contra a intervenção do governo federal em sua escola, trilhas de revoltas que se conectam e seguem conectando jovens diante de situações que embora diferentes possuem semelhanças, destacando a ausência de diálogo, a carência nas políticas públicas como tônicas do relacionamento estatal com o alunado, embora cada qual exista com sua própria dinâmica.

A pluralidade e abrangência de ocupações no Brasil têm mostrado que há variações e outras sensibilidades sendo produzidas, modos que permitem a crítica e o encontro que pode vir a ser proporcionado pelo espaço escolar como possíveis espaços de insurreição. Pode haver aí singularizações ou minorizações e revoluções moleculares, no sentido de processos disruptores no campo da produção de desejo, como referiu Guattari: "contra a subjetividade capitalística, através da afirmação de outras maneiras de ser, outras sensibilidades, outra percepção, etc." (GUATTARI; ROLNIK, 1986, p. 45).

Como forma de resistência e resposta à completa desconsideração e falta de diálogo, os estudantes ocupam suas escolas colocando seus corpos como frentes que podem contestar as indiscriminadas violências de que a educação tem sido alvo nos últimos tempos. Cada ocupação desdobra-se em diferentes histórias, seguindo diferentes planos, transformando seus

---

[28] A ocupação de estudantes do Cefet-RJ (Centro Federal de Educação Tecnológica Celso Suckow da Fonseca) ocorreu em agosto de 2019, se deu em resposta à indicação de um novo diretor geral nomeado pelo MEC, contrariando a eleição que ocorrera por meio de consulta pública entre a comunidade escolar que teria optado como vencedor Maurício Saldanha Motta. Os alunos entenderam que a nomeação foi uma intervenção do governo federal no Cefet..

rumos, atravessadas nas vidas dos estudantes, professores e de seus diferentes territórios suas narrativas conectam diferentes sentidos de reexistência.

Gimenes (2016) comenta que, no ano de 2015, foram ocupadas cerca de 200 escolas em São Paulo, como resposta a uma política do governo estadual paulista que propunha reorganizar a rede de escolas, fechando 94 unidades e remanejando alunos de outras 754 unidades. Esta medida afetaria cerca um milhão de alunos, tentando, segundo os idealizadores do projeto, "reorganizar os alunos por conta da carência de professores e outros profissionais". Os proponentes da citada reorganização não consideraram as concepções de território e as necessárias mudanças que teriam que acontecer na vida dos alunos e famílias caso a medida entrasse em vigor.

Neste trabalho destaco a concepção de Guattari e Rolnik (1996) de "território" como atmosfera em que o sujeito se sente em "casa", absolutamente familiarizado. A escola para estes estudantes não está apenas delimitada a seu bairro ou rua, mas ela pertence a seu reconhecimento que também integra a singularidade entre os estudantes. Para estes autores o território pode também ser compreendido na dimensão de apropriação ou uma dimensão de fechamento das subjetividades, sendo uma desterritorialização muitas vezes necessária e importantíssima para as transformações sociais. Na presente análise, considerei a dimensão de território como uma importante manifestação afetiva dos alunos em relação à segurança e à familiaridade importantes para o contexto escolar.

Como forma de resistência e resposta à completa desconsideração e falta de diálogo, os estudantes paulistas ocuparam suas escolas e ampliaram suas reivindicações, envolvendo uma gama muito diversificada de discussões. As pautas foram diversas, desde temas pedagógicos, discussões sobre racismo e homofobia, entre outras. É interessante destacar que a ocupação estudantil resistiu as frequentes investidas judicializantes[29] das forças homogeneizantes que visavam conter e abafar a insurgência dos movimentos reivindicatórios dos estudantes.

No ano de 2016, as ocupações de estudantes proliferaram ainda mais, abarcando também universitários e estudantes de outros estados. Eu acompanhei a ocupação de estudantes no Rio de Janeiro, em duas escolas estaduais:

---

[29] É importante destacar que os governos, a grande mídia e outras formas de poder instituído tentaram retirar os estudantes das escolas por meio de medidas judiciais denominadas "reintegração de posse". A situação na época foi bem emblemática já que, a grande maioria de estudantes das ocupações eram adolescentes, tendo uma legislação específica destinada à proteção deste grupo.

a Faetec e a Escola Estadual Prefeito Mendes de Moraes. Estas experiências foram vividas de maneira diferentes em cada escola, a seguir seguem análises e algumas nuances das ocupações.

3.3 Escola Faetec

A escola Faetec localiza-se no subúrbio do Rio de Janeiro, no bairro de Quintino. A escola é uma instituição parceira da Secretaria de Ciência e Tecnologia (Sect) do Estado do Rio de Janeiro e oferece cursos gratuitos, desde educação infantil ao ensino superior, além de cursos técnicos e profissionalizantes. No estado do Rio, existem várias instituições ligadas à Faetec, como CVTs (Centros Vocacionais Tecnológicos), Ceteps (Centros de Educação Tecnológica e Profissionalizante) e ETEs (Escolas Técnicas Estaduais). Na escola são oferecidos diversos cursos técnicos, tais como desenho, informática, enfermagem, inglês, francês, eletroeletrônica, eletrônica, depilação, entre muitos outros.

É importante assinalar que, embora as escolas estivessem ocupadas por estudantes de idades próximas, com reivindicações que passavam por melhores condições de infraestrutura escolar, os modos que estas ocupações ocorreram foram diferentes. A Faetec é uma escola técnica e profissionalizante, o que impulsionou particularmente questionamentos de muitos alunos e de suas famílias. Eles compareciam na ocupação queixando-se principalmente do tempo que os alunos demorariam em adquirir o diploma e ingressar no mercado de trabalho. Esse foi um dos grandes nós da ocupação da escola de Quintino. Muitos alunos, segundo outros alunos ocupantes, pouco identificados com o movimento também compareciam às assembleias e votavam pelo fim da ocupação. As assembleias de ocupação contavam exclusivamente com a presença dos alunos, era, segundo eles, uma maneira de se protegerem, já que a ocupação nesta escola estava ameaçada.

Durante a ocupação também pude conversar com os alunos que se colocavam contra o movimento, que não chegaram a criar um contramovimento organizado para a desocupação da escola, mas compareciam às reuniões e colocavam sua posição. Muitos alegavam que a decisão pela ocupação foi tomada de maneira independente pelo grêmio da escola e que gostariam de saber as datas das próximas assembleias que iriam votar pelo reestabelecimento das aulas. Outros alunos partiam de uma perspectiva individual, justificando a decisão por questões de trabalho e pela necessidade de adquirirem os diplomas dos cursos para já ocuparem vagas no mercado ou até mesmo para ajudar a família. Os alunos ocupantes diziam que estiveram na assembleia que discutiu a ocupação, mas que a maioria destes alunos que pedem a volta das aulas não tinha comparecido a essa assembleia.

Acompanhei algumas oficinas e participei de conversas com os alunos e professores da Faetec nos meses de abril e maio de 2016. Também realizei duas oficinas com os alunos, os temas foram: "Criminalização e juventude" e "A escola da periferia", elas foram elaboradas e desenvolvidas por mim e pela professora de sociologia da escola. A ocupação da Faetec recebeu atividades culturais, artísticas, rodas de conversa, contaram com a colaboração de muitos professores, artistas, ex-alunos, famílias etc.

As oficinas foram disparadores importantes, com debates sobre muitos temas, por exemplo: segurança pública, vulnerabilidade, autonomia na escola, adolescência, capoeira, capitalismo, entre outras. Na ocupação os alunos também receberam algumas aulas de matemática, português, redação... Interessante pontuar que estas aulas foram discutidas também nas assembleias em que os alunos discutiam se haveria aula na ocupação, e como decidiram que sim, sugeriam temas para os professores ou tiravam dúvidas.

Na oficina "criminalização e juventude", distribuí vários recortes de jornais e revistas com imagens de adolescentes para os alunos participantes. Os recortes continham imagens de jovens negros e brancos, crianças em situação de rua, outros fazendo compras em lojas. Pedi aos alunos que inventassem alguma história que seria protagonizada pelo adolescente retratado na sua figura. Interessante que muitas histórias ali mencionadas já criticavam a criminalização da pobreza e vantagem do consumo, alguns alunos disseram:

> Como eu tirei um jovem negro, este aqui provavelmente já sofreu algum tipo de preconceito. Este que estou aqui ia procurar um emprego e não conseguiu apenas pela cor da sua pele.

> Estes meninos são chamados meninos de rua, eles são vítimas de sua própria situação familiar, as famílias deles têm muitos problemas sociais e eles não tem a devida assistência do estado.

> Ele não tem que trabalhar, não precisa ter hora para sair ou entrar no shopping, a única coisa que faz na vida é ir pra escola e nem isso o moleque faz direito. Agora está gastando o dinheiro dos pais nestas lojas caras.

> *Este adolescente não tem para onde ir. Sua mãe fuma crack e ele nunca conheceu seu pai, também não tem escola, para ele só restam os amigos que faz na rua.*
>
> *Esse moleque foi dar um rolé no shopping e foi embora triste, todo mundo o tratou mal, ele ia gastar umas economias que tinha, mas nem isso conseguiu. Até os vendedores não acreditaram nele. Mesmo sendo pobre também.*

Outros alunos também contaram histórias engraçadas e aparentemente não muito relacionadas com o tema da pobreza e criminalização:

> *Ele foi ao shopping encontrar sua namorada para eles irem ao cinema.*
>
> *Esse aqui está procurando zoar o shopping.*
>
> *A menina está perdida no meio de um monte de loja. Tudo muito bonito, mas ela não tem dinheiro pra comprar nada: não tem verba.*

Neste grupo os alunos participantes foram ao todo 18, outros estavam envolvidos em outra atividade na ocupação e não integraram a atividade. Fiquei positivamente surpreendida ao encontrar nos alunos uma abordagem crítica da atividade. Segundo a professora deles que acompanhou a atividade: *"os alunos que estão aqui na ocupação são alguns dos melhores alunos, os interessados e que gostam da escola".*

Destaco a intensa organização e autogestão dos alunos nas ocupações. Eles viam filmes e discutiam coletivamente, exercitavam-se na escola, ensinavam receitas culinárias para os colegas. Em um dia que eu estava na ocupação, acompanhei a "Oficina do pão", coordenada por um dos alunos. É importante mencionar a potência das trocas estabelecidas por aqueles alunos nestes encontros: *"aqui na ocupação é como se estivesse em um espaço novo para aprender"* (Diário de campo em abril de 2016).

A ocupação se desenrolava com a participação e colaboração genuína dos alunos. Eu, como psicóloga da educação, que estou familiarizada com as queixas de professores que questionam o interesse e disposição dos alunos nas aulas, penso que a escola tem muito que aprender com esta experiência. Muitas atividades escolares, destacando as atividades desenvolvidas em sala de aula, são descritas como "chatas", "maçantes" e "sem sentido". Em outras palavras, podemos problematizar o prazer de estudar movido pela escola contemporânea (SPOSITO, 2011).

No cotidiano da ocupação, as tarefas de cozinha, limpeza e até mesmo uma ronda de avaliação da escola e do entorno era realizada e coordenada pelos próprios alunos. Tudo na manutenção da escola era dividido, os alunos desempenhavam as tarefas e participavam das atividades propostas obedecendo a um revezamento. A comida era trazida pelos alunos, por suas famílias, professores, comunidade etc.

Ao presenciar esta experiência de ocupação e estar cotidianamente nas escolas, acompanhei as relações, embates, queixas e os movimentos de professores e alunos. Longe de ser uma relação sem atritos, mas certamente se trata de uma relação de trocas, questionamentos e coletivo. Pensar o aluno como um ser passível a doutrinação é desconhecer por completo o campo da educação, colocar estes adolescentes neste lugar de conformidade e de passividade é desconhecer completamente as composições relacionadas ao desenvolvimento da infância e adolescência na perspectiva também da psicologia do desenvolvimento.

3.4 Escola Estadual Prefeito Mendes de Moraes[30]

A escola Estadual Mendes de Moraes é uma escola localizada no bairro da Freguesia, Ilha do Governador, Zona Norte do Rio de Janeiro. A escola atende prioritariamente adolescentes e foi a primeira escola do Rio de Janeiro a executar uma ocupação aos moldes do que acontecera em São Paulo. Em 21 de março de 2016, os alunos do grêmio da escola fizeram uma assembleia e optaram pela ocupação.

Nesta escola as atividades eram majoritariamente protagonizadas pelos alunos, tendo uma parte pequena dos professores apoiando a atividade. Os alunos, ao que parece, já tinham uma experiência de organização autônoma, muitos relataram que já haviam participado de excursões e acampamentos religiosos, onde, segundo eles, a organização e manutenção do espaço ficavam sob responsabilidade dos participantes da atividade, estes mantinham a limpeza e a organização do ambiente.

Esta escola tinha uma organização diferente, e, como foi a primeira escola a ser ocupada no Rio de Janeiro, os alunos inovavam em muitas estratégias. Realizei cerca de duas visitas e lá conheci alguns professores que acompanhavam a ocupação. Com estes tive maior entrada, conversando sobre a escola e o funcionamento cotidiano dela.

---

[30] A escola foi a primeira do Rio de Janeiro a viver a experiência da ocupação por estudantes. O documentário: Ocupações Estudantis: por eles mesmos (2016) contém entrevistas e imagens dos estudantes filmadas durante as ocupações.

Uma professora em particular estava bastante envolvida nas atividades de ocupação, mesmo dando aulas no município de Petrópolis e estando na escola apenas em seus horários de aula, ela parecia ter bastante entrada com os alunos. Ela me relatou que havia sido detida na greve dos professores em 2014, situação que teria durado apenas 24 horas. A direção da escola informou aos alunos o acontecido e ainda disse que a professora, que estava em greve, na realidade estava presa. Interessante que o efeito foi que os alunos a receberam após a greve com bastante carinho: "[m]uitos dos alunos também já tiveram parentes presos ou acharam a história interessante, então a direção que desejava me difamar apenas reforçou meu vínculo com os alunos".

Os professores narram que a escola tem uma direção bastante conservadora, que tentou até censurar as eleições do grêmio estudantil, querendo impor a escolha de composição desse coletivo. A direção só não teria conseguido porque os alunos procuraram os professores para ajudá-los na reivindicação. Os professores então utilizaram a lei federal do Grêmio Livre que determina diretrizes autônomas nas escolhas dos grêmios estudantis.

Os alunos que frequentavam a ocupação eram estudantes antigos da escola, tinham funções definidas para a manutenção do espaço. Parte dos estudantes se identificava como LGBTI[31], tendo no grupo uma grande influência. Na visita relataram: "aqui na escola não preciso me esconder, podemos usar o nome que assumimos" disse um deles. Estes alunos tinham uma argumentação política e social notável, na oportunidade tive que comentar com eles. Alguns deles afirmam: "devemos essa posição livre aos nossos professores de sociologia".

Não acompanhei o restante da ocupação, mas fiz contato com esta professora de sociologia que se mostrava participativa e aberta ao diálogo. Segundo ela, a ocupação durou cerca de dois meses e teve um desdobramento muito complicado[32]. Disse que, com o prosseguimento da ocupação, a direção da escola decidiu marcar reuniões com os pais na Igreja próxima à escola. Nas reuniões informava aos presentes, muitos pais de alunos, que, se a ocupação permanecesse, todos os alunos seriam reprovados[33].

---

[31] **LGBTI** é a sigla de *Lésbicas, Gays, Bissexuais, Travestis, Transexuais, Transgêneros* e Intersexuais. Em uso desde os anos 1990, o termo é uma adaptação de **LGB**, que era utilizado para substituir o termo *gay* para se referir à comunidade LGBT no fim da década de 1980. Órgãos como a ONU e a Anistia Internacional elegeram esta denominação com uma espécie de padrão. Em termos de movimentos sociais, uma denominação que vem ganhando força é **LGBTQ** ou **LGBTQI** — incluindo além da orientação sexual e da diversidade de gênero a perspectiva teórica e política dos Estudos Queer.

[32] Alunos ocupam colégio na Ilha do Governador no Rio (2016).

[33] Posteriormente o diretor da escola veio a ser exonerado.

Como um possível efeito das reuniões e com o incentivo da Secretaria Estadual de Educação, a ocupação foi confrontada pelo movimento #Desocupa. O movimento de desocupação desta escola foi extremamente violento, ele teria sido apoiado pela Seeduc (Secretaria de Educação do Rio de Janeiro). Na assembleia de desocupação, o Chefe de Gabinete da Secretaria de Educação visitou pessoalmente a escola e discutiu com alunos e professores. Este movimento foi marcado por um posicionamento de ultradireita e homofóbico, segundo a professora: *"estes alunos não eram nem bons alunos, o #Desocupa também contava com a participação de outros da comunidade que talvez tivessem algum envolvimento ilegal"*. Estes integrantes do #Desocupa invadiram a escola[34] e teriam ameaçado fisicamente os estudantes que ocupavam a escola: *"chegaram até a enviar mensagens violentas contendo ameaças de morte e estupro através do WhatsApp e Facebook"*.

A Secretaria Estadual de Educação (Seeduc) teria, segundo a professora, apoiado o movimento #Desocupa, divulgando inclusive em seu site oficial as reuniões, encontros e entrevistas com os alunos deste movimento, encorpando o movimento da mídia hegemônica que também criminalizou as manifestações, mantendo sua prática de disseminação do modo capitalístico hegemônico:

> [...] modelos de imagens nas quais o receptor possa se conformar - imagens de unidade, imagens de racionalidade, imagens de legitimidade, imagens de justiça, imagens de beleza, imagens de cientificidade. Os meios de comunicação falam pelos e para os indivíduos (GUATTARI; ROLNIK, 1996 p. 58).

Segundo a professora depois da ocupação a entrada dela na escola com alguns alunos e com a direção ficou muito difícil. Disse que uma das alunas do #Desocupa tinha divulgado seu nome nas redes sociais e a responsabilizado como culpada pelo movimento de ocupação da escola. Após o retorno à aula, a aluna continuava com uma postura complicada. A professora teria chamado a aluna para uma reunião com a direção da escola e esclarecido que não tinha a intenção de judicializar a situação: *"mas o que ela estava fazendo era errado e poderia ser compreendido como difamação"*. A aluna após a reunião teria parado com as investidas. Em outro episódio narrado, durante uma aula o equipamento de projeção de slides teria quebrado, gerando uma revolta dos alunos do #Desocupa:

---

[34] Alunos contrários a ocupação de escola municipal invadem unidade na Ilha do Governador (2017).

> *Eles reclamavam em voz alta, brigavam e agrediam os outros que tentavam apaziguar os ânimos. Na verdade, eu fiquei com medo de sofrer uma violência física, então saí da sala e fui para a direção. Chegando lá fui agredida novamente, a diretora da escola foi estúpida e chegou a concordar com os alunos que estavam na situação.*

A professora disse que esse episódio a devastou, que o ambiente na escola estava totalmente insalubre. A exposição que ela sofrera de alguns alunos do desocupa teve muitos efeitos, tornando a relação com a direção da escola impossível. No momento que ela foi identificada como uma pessoa com ideias críticas, começou a ser perseguida por alguns alunos e pela direção da escola. Relatou que não conseguia mais ir trabalhar, tendo muitas crises de insônia e choro:

> *Tive que tirar uma licença médica. Tive depressão e pânico. Até esse processo de tirar licença foi dificultado para mim, a direção da escola se negou a me entregar o requerimento da licença (BIM) tive que ir à escola junto com um advogado, uma tristeza.*

Esta teria sido a primeira das licenças médicas desta professora, ela considera que, as perseguições e violências que sofrera foram determinantes para o seu processo de adoecimento. Dentre suas falas uma me chamou muita atenção:

> *Nós professores romantizamos a nossa atividade, esta é uma forma de sobreviver diante de tanta precariedade, não sei se isso é consciente mas é uma estratégia para aguentar o dia a dia, quando somos identificados como pessoas críticas podemos ser perseguidos. Daí em diante estamos sozinhos e isso faz com que as pessoas adoeçam.*

3.5 O impacto do ultraconservadorismo nas subjetividades docentes

> *Atualmente tenho muito medo do que dizer na sala de aula. Hoje fiquei preocupado com a roupa que ia vestir, uma vez uns alunos me disseram que as camisetas de hippie que uso podem ser vistas como roupas de comunistas.*
>
> *Todos nós, professores de história, estamos com medo.*
>
> *(Professor de ensino médio, em 30 de outubro de 2018)*

Certamente a eleição presidencial de 2018 pode ser analisada segundo muitos ângulos. Neste trabalho destacamos uma linha que se fortalece a partir dos discursos de ódio que foram uma das marcas evidentes da candidatura do presidenciável. Um dos poucos elementos que foram corporificados em suas escassas propostas de governo, especialmente para a pauta da educação, são o reforço e difusão da proposta do programa Escola sem Partido.

Na semana após a divulgação das eleições legislativas de 2018, circulou na internet uma chamada para que os estudantes fizessem vídeos ou denunciassem por meio de um telefone a pretensa "doutrinação ideológica" que os professores poderiam executar após a derrota do candidato do partido dos trabalhadores. A chamada teve ampla circulação nas redes sociais e foi divulgada pela deputada Ana Caroline Campagnolo[35], que fora eleita como deputada estadual em Santa Catarina pelo partido de Jair Bolsonaro.

Na mesma semana o Ministério Público Federal publica a recomendação nº 22, de 29 de outubro de 2018. A recomendação é muito explícita e tida como uma reposta à chamada emitida pela deputada. Entre as inúmeras considerações sobre a Constituição e sobre a Lei de Diretrizes e Bases da Educação Nacional (1996) que indica uma garantia clara à "liberdade de aprender, ensinar, pesquisar e divulgar o pensamento, a arte, o saber e o pluralismo das ideias", decidem instruir ou recomendar aos docentes meios de defender-se contra possíveis denúncias e assédio moral contra professores.

Para além de julgar as condutas tanto da deputada como do MP, a intenção neste trabalho é promover visibilidade às linhas que circulam na prática docente na atualidade. Decerto que existe um embate de ideias que impulsiona a criação de leis e resoluções que ora condenam ora absolvem as práticas de vigilância e monitoramento da Escola sem Partido.

Em fevereiro deste ano (2019), o ministro da educação divulga uma nota[36] convocando as escolas a lerem uma carta de sua autoria e prescreve que "professores, alunos e demais funcionários da escola permaneçam perfilados diante da bandeira nacional ao som do hino nacional" também menciona a necessidade de ler o slogan de campanha do Bolsonaro: "Brasil acima de tudo, Deus acima de todos". Na mesma nota o MEC pede para que esta situação seja filmada e encaminhada para o e-mail da entidade. Cabe mencionar que essa prática era diária nas escolas durante o período de ditadura militar.

---

[35] Deputada eleita por partido de Bolsonaro cria polêmica ao pedir que estudantes denunciem professores. (2018).

[36] MEC pede a escolas que cantem o hino nacional e filmem crianças. (2019).

Após a grande repercussão negativa da solicitação do MEC e do pronunciamento de entidades de defesa dos diretos constitucionais e educativos condenando o ensejo, o ministro da Educação voltou atrás, informando que se tratava de má interpretação do seu pedido. Isto não refreou o afastamento de um professor de geografia no Colégio Estadual Militar Américo Antunes, em São Luís dos Montes Belo, no centro de Goiás[37]. Durante a "cerimônia" com os alunos devidamente perfilados ao som do hino nacional, o diretor do colégio e também capitão do exército teria perguntado ao público de alunos e professores se alguém teria alguma manifestação, o professor teria se sentido convocado a se posicionar. Atualmente a conduta do professor é alvo de sindicância e ele foi transferido de escola.

Em uma das seções do site do movimento Escola sem Partido, foi disponibilizado um modelo de notificação extrajudicial para os pais usarem para ameaçar professores e direções de colégios. Segundo Miguel Nagib, "a campanha pelas notificações extrajudiciais contra escolas e contra docentes surgiu às margens do ESP, na direita católica, tendo como iniciador o procurador Guilherme Schelb" que, em vídeo, chegou a citar a possibilidade da família "obter polpudas indenizações pecuniárias de professores e colégios".

A página ainda enumera *deveres para professores*. Seriam estes:

> 1- O professor não se aproveitará da audiência cativa dos alunos para promover os seus próprios interesses, opiniões, concepções ou preferências ideológicas, religiosas, morais, políticas e partidárias.
>
> 2- O professor não favorecerá nem prejudicará os alunos em razão de suas convicções políticas, ideológicas, morais ou religiosas, ou da falta delas.
>
> 3- O professor não fará propaganda político-partidária em sala de aula, nem incitará seus alunos a participar de manifestações, atos públicos e passeatas.
>
> 4- Ao tratar de questões políticas, socioculturais e econômicas, o professor apresentará aos alunos de forma justa – isto é, com a mesma profundidade e seriedade -, as principais versões, teorias, opiniões e perspectivas concorrentes a respeito.
>
> 5- O professor respeitará o direito dos pais a que seus filhos recebam a educação moral que esteja de acordo com suas próprias convicções.

---

[37] Professor é afastado de escola por criticar a leitura do slogan da presidência após o Hino Nacional. (2019).

> 6- O professor não permitirá que os direitos assegurados nos itens anteriores sejam violados pela ação de terceiros, dentro de sala de aula. ESCOLA SEM PARTIDO, (2009?).

O citado projeto de lei defende uma dicotomia imposta pelo próprio nome do movimento, entre uma escola com e outra sem partido. É importante reafirmar que o que está em jogo quando falamos do programa Escola sem Partido é um projeto de escola na qual ela é destituída de todo o seu caráter educacional, pois, segundo o movimento em questão, professor não é educador, ele seria um intermediário entre os conteúdos escolares, que não poderia interferir ou interpretar estes de nenhuma maneira. O movimento incorpora pautas conservadoras, tal como o combate à discussão de gênero nas escolas. O termo "ideologia de gênero" vem sendo usado como uma forma política de manipulação do medo com base em informações falsas e distorções grotescas das propostas relacionadas à discussão sobre gênero e sexualidade.

O caso do estado de Alagoas pode ser ilustrativo deste processo. Lá, como em outros estados e municípios do Brasil, os debates sobre os planos de educação ganharam grande publicidade, mas, neste estado, a polêmica foi intensa por conta de um material falso intencionalmente divulgado como sendo de autoria do MEC (ZINET, 2016), que continha imagens sugestivas e estímulo a práticas sexuais. O Ministério Público investiga o caso, mas o estrago já havia sido feito na opinião pública e diferentes grupos pressionaram pela remoção do termo "gênero" dos planos estaduais e municipais de educação. Foi convocada uma audiência pública na câmara estadual, para discutir o tema em Alagoas, debatedor convidado foi justamente o advogado Miguel Nagib, que aproveitou a visita ao estado para apresentar o projeto de lei Escola sem Partido, que lá ainda recebeu o nome ainda mais enganador de "Escola Livre". A câmara optou pela retirada do termo "gênero" do plano estadual de educação e aprovou o projeto de lei Escola sem Partido. O projeto aprovado no estado de Alagoas encontra-se em discussão na Assembleia Legislativa por conta de não ter sido aprovado pelo atual governador.

Esta proliferação de projetos que propõem o programa Escola sem Partido encorpa um grave contexto de ofensiva conservadora. Segundo o site Professores contra o Escola sem Partido, existe um projeto tramitando em âmbito nacional, outros nove em diferentes estados e no distrito federal, além de inúmeros municípios.

O impacto destes projetos sobre a escola pública seria imenso. O projeto se propõe a combater a "doutrinação ideológica", mas nem sequer define o que seria isso e apenas insiste na defesa da "neutralidade". Mas quem define o que é "neutro" e o que é "ideológico"? Na ausência de uma definição no projeto de lei, no site da organização sobre o tema[38] existe um item "flagrando o doutrinador": neste link o professor é representado com desenhos e caricaturas que figuras grotescas que corrompem jovens inocentes e passivos.

"Você pode estar sendo vítima de doutrinação ideológica quando seu professor se desvia frequentemente da matéria objeto da disciplina para assuntos relacionados ao noticiário político ou internacional"[39]. Dissociações como estas, entre a matéria objeto da disciplina e o mundo fora da escola e entre educação e instrução, são uma ameaça a qualquer projeto de uma escola mais progressista. Ainda como exemplos veem o Projeto de Lei 867/2015 que propõe que seja vedada, em sala de aula, "a veiculação de conteúdos ou a realização de atividades que possam estar em conflito com as convicções religiosas ou morais dos pais ou responsáveis pelos estudantes".

Não precisamos, no entanto, esperar a aprovação dos projetos Escola sem Partido para pensar o impacto das propostas deste movimento. Ao se aproveitar da grande polarização que vivemos no cenário político nacional, a perseguição de professores que se manifestam politicamente não parar de crescer. Começam a surgir vários relatos de professores que perderam os seus empregos por se posicionar sobre temas polêmicos nas redes sociais e, portanto, fora do ambiente escolar. Como exemplos cito a situação do professor curitibano[40] demitido por suas declarações em redes sociais e por discutir violência e multiculturalismo nas suas aulas de sociologia; e da professora de história que pediu sua demissão do Colégio Jesuíta Medianeira de Curitiba[41] por estar sendo perseguida pelos pais devido a seu posicionamento contra o impeachment nas suas redes sociais. Estes são apenas os casos que ganharam notoriedade, mas certamente existem muitos outros. O movimento Escola sem Partido estimula este comportamento, ao representar os professores como corruptores da juventude e defender que os professores não têm liberdade de expressão no exercício da sua atividade profissional.

---

[38] Escola sem Partido (2009?).

[39] Escola sem Partido (2009?).

[40] Professor afirma ter sido alvo de perseguição política no interior de São Paulo. (2017).

[41] Rogério, Galindo (2016), na notícia mais informações sobre a demissão do professor por perseguição política.

A PRODUÇÃO DE SUBJETIVIDADE DOCENTE E O ADOECIMENTO DE PROFESSORES

Outro caso horripilante foi impulsionado por um comentário de um deputado federal, produzindo mais ataques à educação. Desta vez ele divulgou em sua página no Twitter uma foto da capa de um trabalho de mestrado intitulado "A Bolsonarização da esfera pública: Uma análise Foulcatiana sobre (RE) produção de memes a partir dos discursos de ódio nas falas de Bolsonaro[42]", divulgando na imagem inclusive o nome da aluna e de seu orientador. Segundo os jornais, a pesquisadora, seu orientador e até o reitor da Universidade sofreram uma verdadeira perseguição dos eleitores/seguidores do Bolsonaro nas redes sociais, tendo a violência saído do mundo virtual e provocado a ameaça da aluna em sua universidade.

Outro professor que experimentou a intervenção desta verdadeira caça às bruxas foi um professor de uma escola estadual de Campos, no interior do Rio de Janeiro[43]. Este teria utilizado uma charge que mostrava Bolsonaro e Trump deitados numa cama de casal. Na carta divulgada pelo profissional em sua rede social, ele contextualiza a situação:

> Leciono português, literatura e produção de texto há quinze anos em várias escolas particulares e públicas, mas atualmente no Liceu de Humanidade de Campos me deparei com uma situação na qual nunca imaginei passar, nos meus piores pesadelos; a censura [...] material este muito comum nos vestibulares, em todas as disciplinas e com uma carga argumentativa bastante relevante no que concerne ao fato de que ao se depararem com tal tipo de texto, os discentes devem obrigatoriamente estar inseridos nos contextos político, econômico, social e cultural do mundo que os cerca, habilidades essas cobradas em vestibulares e no ENEM [...], trata-se de um contexto político amplamente divulgado na mídia do mundo inteiro. Assim, sua análise (contra ou favorável) ficou a critério única e exclusivamente dos alunos, usando para isso, seus próprios argumentos, não havendo assim, DOUTRINAÇÃO. Dado o exposto, termino com a certeza do dever cumprido; o de desenvolver em meus alunos a criticidade na qual futuramente serão devidamente cobrados [...] A foto é uma METÁFORA, ou seja nem tudo o que parece é...".PÓVOA (2019).

---

[42] Mestranda exposta por Eduardo Bolsonaro sobre linchamento digital. (2019).

[43] Póvoa, Kamilla. (2019). Notícia com detalhes sobre o professor afastado de escola no RJ após atividade com charge de Bolsonaro e Trump.

Mesmo alegando que neste tipo de atividade de caráter reflexivo e dissertativo é comum estimular a criação argumentativa dos alunos e que esse tipo de metáfora é utilizado amplamente em contextos escolares, o professor permanece até o momento (junho de 2019) sem conhecer seu destino, esperando o resultado de uma sindicância que foi aberta para investigar a suposta "doutrinação".

Este efeito também chega às universidades, professores da Universidade Federal de Pernambuco receberam uma carta anônima listando nomes de estudantes e docentes de Ciências Humanas contendo ameaças por seu posicionamento político. A carta, intitulada "Doutrinadores e alunos que serão banidos do CFCH – UFPE 2019", foi deixada na sala do Diretório Acadêmico de História da UFPE e cita nomes de professores, chamando-os de "doutrinadores comunistas" apontando-os como incitadores ao uso de drogas junto aos seus "orientandos esquerdistas". Na carta foi mencionado que pesquisas sobre gênero e sexualidade deveriam ser banidas na instituição.

A organização americana Scholars at Risk (2019) tem sido imensamente procurada por professores brasileiros. A organização é uma rede de instituições de ensino superior que promove a liberdade nas pesquisas acadêmicas, oferecendo suporte aos pesquisadores e professores que estejam ameaçados em seus países de origem. A rede é formada por 520 universidades, como a Universidade de Washington, nos EUA, a Universidade do Chile e a City University, em Londres, no Reino Unido. Até o ano de 2018, apenas um professor brasileiro tinha contatado a organização. No ano de 2019 foram 18 professores a buscar asilo ou cooperação da instituição.

Notavelmente uma das pautas mais claras deste governo está em controlar a escola, professores e alunos contra uma suposta e tão temida dominação. Certamente a educação encontra-se em ataque, como um dos principais alvos deste modelo ultraconservador. Estes relatos foram apenas alguns analisadores que surgiram durante a elaboração deste trabalho. Certamente outros ataques estão por vir.

Analisando as formas contemporâneas de subjetivação e a circulação de forças que constituem o sujeito, a escola atual e os espaços escolares em geral tornaram-se ambientes de discussão de ideias referentes à violência, suposta "doutrinação ideológica", professores possivelmente partidários. Múltiplos mecanismos de controle e prevenção circulam promovendo a idealização de certa "proteção", "segurança" e "prevenção" de todos dos alunos, das famílias e da sociedade em geral (FELICIO, 2014).

Seguindo estas ideias, os professores são produzidos pela forma como vivem a experiência de suas práticas docentes, isto se relaciona a uma série de circunstâncias que delimitam e prescrevem o fazer docente, estabelecendo assim a forma de pensar e fazer-se professor. Nesta atualidade do fazer docente, verifica-se a circulação de preocupações e práticas relacionadas a "segurança", gestão de riscos", "proteção", "vulnerabilidade", "doutrinação ideológica", enfim, dentre muitas outras que tem em comum os investimentos na linha das políticas de controle e vigilância (ARANTES; VAZ, 2013).

É notório ressaltar que nos ambientes escolares esta perseguição de docentes já virou uma pauta comum, em que os profissionais desenvolvem maneiras de lidar com esta situação:

> *Temos que nos precaver na maneira em que vamos falar de temas históricos! Seja falar da ditadura militar ou até mesmo da revolução francesa estamos correndo risco de sermos denunciados.* (Professor de ensino fundamental em 15 de fevereiro de 2019).

> *Hoje em dia não podemos comentar o momento político brasileiro sem sermos literalmente ameaçados pelos alunos bolsominions, outro dia recebi um áudio de uma mãe dizendo que se continuarmos os conteúdos em relação a ditadura militar ela vai levar a televisão e denunciar por doutrinação.* (Professor de ensino médio e fundamental em 15 de fevereiro de 2019).

> *Realmente estou preferindo passar batida por meu conteúdo, não posso ser processada, tenho família e filho para sustentar e não tenho saúde para viver uma situação desta, vejo muitos colegas passando por situações delicadas com a CRE e a direção da escola, não estou podendo passar por isso.* (Professora de ensino médio e fundamental em 15 de fevereiro de 2019).

> *Vivemos no tempo dos "achismos" não importam mais os livros, os autores especialistas, ou até mesmo as universidades. Importa o que meu pai e o meu tio fascista pensa. Eles não estudaram, mas leram na rede social. A moda é a burrice.* (Professor de ensino médio e fundamental em 15 de fevereiro de 2019).

> *Se você não se respaldar e der tudo de acordo com a ementa você pode sofrer um processo de um destes pais. Eles também odeiam a educação. Vivemos com medo e notamos que cada vez menos o professor pode dizer alguma coisa. É muita pressão.* (Professor de ensino médio em 13 de abril de 2016).

3.6 A criminalização dos professores

Antigamente o lugar do professor já estava garantido, éramos bem-vistas na escola, nos espaços que circulávamos. Agora só em dizer que sou professora já vem o lamento e quase pena das pessoas que dizem: coitada dela, deve sofrer muito. E é verdade, atualmente só quer se apontar o dedo para o professor, ninguém estende a mão.

(Professora de ensino médio e fundamental em 8 de agosto de 2017)

Como enunciado no comentário supracitado, os efeitos destas práticas que criminalizam o fazer docente são extremamente dolorosos para os profissionais que encabeçam estas denúncias de incapacidade, de falta de controle da turma, má e incompleta formação profissional e pedagógica, de não saber manter a autoridade em sala de aula... Entre muitas outras sentenças comuns que individualizam, na figura do professor, as inúmeras mazelas das escolas.

Este processo de individualização também oculta e seculariza a precarização das condições de trabalho dos profissionais da educação, que habitam uma política cada vez mais sucateada e, conforme já dito anteriormente, habitualmente invadida e destituída por estas vigilâncias judicializantes perversas que assolam a educação. Conforme colocado por Coimbra e Sá Leitão (2003, p. 12):

> O "modo-de-ser indivíduo" onde tudo será responsabilidade e atributo do sujeito é, entretanto, apenas uma das formas possíveis de subjetividade em nosso mundo. Ela expressará duas características bem caras ao modo de funcionamento capitalista. Uma delas é a meritocracia, onde tudo depende da capacidade e da eficiência individual. Cada um passa a ser responsável pelo que é e pelo que consegue fazer. Hoje, no neoliberalismo, exige-se que esse homem seja cada vez mais flexível. O fracasso e o sucesso são, então, considerações individuais associadas ao bem e ao mal.

É como se os professores fossem responsáveis diretos pelo seu processo de adoecimento e que tivessem que ser afastados do trabalho por conta da sua própria incapacidade de gerir as inúmeras mazelas das escolas, sendo também algo absolutamente naturalizado no cotidiano das escolas o adoecimento docente: *"hoje em dia para ser professor você tem que ter plano de saúde em dia".*

Outro importante fator que contribui para este processo é a profunda naturalização e cristalização de fatores sociais, políticos e econômicos que assolam a educação brasileira. Diante desta complexa realidade, que há tempos se apresenta, parece que nada pode ser feito ou mudado nestes processos que sucateiam e violentam os espaços escolares. Muitas vezes presenciei percepções que localizam a decadência e seus consequentes efeitos para a educação brasileira, como se fosse já um dado a ser introjetado e aceito pelos profissionais, absolutamente cotidiano e banal. Eles, muitas vezes taxativos, não se permitem nem pensar a educação de uma outra maneira: "*não adianta querer mudar a escola*", "*nunca nada é feito para mudar*", "*não adianta lutar porque os políticos não querem a melhoria da educação*".

Interessante colocar que um dos autores mais importantes e perseguidos da educação, o professor Paulo Freire[44], em seu trabalho *Política e Educação* (FREIRE, 2001), critica as mentalidades fatalistas conformadas com a ideologia imobilizantes que condenam: "a realidade é assim mesmo, que se pode fazer?". Para o autor, educar é construir, é libertar o ser humano de prisões do determinismo neoliberal, reconhecendo que a educação é um campo farto de possibilidades e que representa uma imprescindível possibilidade de mudança e transformação social.

A política nacional de educação aponta para um verdadeiro naufrágio, como tratarei mais detalhadamente no capítulo 3, intitulado de "Educação à brasileira: manejos antigos e contemporâneos da educação". Os índices apresentados pela educação brasileira pioram drasticamente a cada ano, mas esta reunião de questões complexas e constituidoras deste terrível desempenho escolar conseguem ser simplificadas ou mesmo naturalizadas a partir da sua individualização, como presenciamos comumente na recorrente prática de medicalização[45] de alunos, ou como trataremos a seguir como uma criminalização e medicalização também da prática docente da prática docente.

---

[44] Paulo Freire foi declarado patrono da educação brasileira em 2012, pela lei 12.612, sancionada pela presidente Dilma Rousseff, além de tratar-se de um dos intelectuais brasileiros mais importantes. Em seus trabalhos o educador desenvolveu um método de educação popular, realizando iniciativas de conscientização política do povo, em nome da emancipação social, cultural e política das classes sociais excluídas e oprimidas. Sua metodologia foi considerada perigosamente subversiva pelo regime militar, o que rendeu a Freire o exílio. Atualmente ele é um dos alvos mais destacados da iniciativa do programa Escola sem Partido e das iniciativas da ultradireita brasileira. Disponível em: https://www.pragmatismopolitico.com.br/2015/04/por-que-e-a-quem-paulo-freire-incomoda.html

[45] Neste livro adoto a definição trazida pelo Fórum sobre medicalização da Educação da Sociedade: "medicalização envolve um tipo de racionalidade determinista que desconsidera a complexidade da vida humana, reduzindo-a a questões de cunho individual, seja em seu aspecto orgânico, seja em seu aspecto psíquico, seja em uma leitura restrita e naturalizada dos aspectos sociais. Nessa concepção, características comportamentais são tomadas apenas a partir da perspectiva do indivíduo isolado, que passaria a ser o único responsável por sua inadaptação às normas e padrões sociais dominantes. A medicalização é terreno fértil para os fenômenos da patologização, da psiquiatrização, da psicologização e da criminalização das diferenças e da pobreza" (GRUPO DE TRABALHO EDUCAÇÃO E SAÚDE DO FÓRUM SOBRE MEDICALIZAÇÃO DA EDUCAÇÃO E SAÚDE, 2015, p. 1).

Em setembro de 2017, nos dias 5 e 19, participei de dois grupos com professores da rede municipal de educação com a temática: "Pensar a escola que gostaríamos de ter". Impressionante como as falas denunciavam este imobilismo diante destas questões. Elas variavam entre realidades que já são comuns dos professores da rede pública municipal do Rio de Janeiro ou que criavam possibilidades absolutamente inatingíveis:

> *A escola brasileira teria que ser destruída, não tem como começarmos a partir disso que tem aí.*

> *A escola que gostaria de trabalhar é nos moldes da escola finlandesa, lá o professor é valorizado. A precarização das escolas é um projeto político, nunca haverá uma escola de qualidade no Brasil.*

> *Não acredito que haverá mudança, não querem que a população pense.*

> *A escola que gostaria é uma com menos turmas, não adianta sonhar.*

> *Tudo que eu quero em uma escola é que os alunos e famílias sejam comprometidos com a educação de verdade.*

O profissional professor também serve a estes discursos, que assevera ainda mais se olharmos para a extensão dos processos judicializantes que estão a todo o momento justificando suas intervenções no ambiente escolar. Fundadas destacadamente no argumento de "incapacidade na formação docente" e na "desastrosa intervenção" deste profissional em seu próprio âmbito de atuação, numa lógica cíclica, o professor é tomado como incompetente porque não consegue lidar com as complexas situações escolares de maneira aceitável e ainda ensinar os alunos de maneira adequada, então deve contar com a intervenção de quem tem a competência, comumente a justiça ou outros profissionais que estão no ápice das relações saber poder.

Esse discurso da competência, tão comum nas instituições escolares, também se volta contra o professor — este não estaria desempenhando sua função de maneira satisfatória e, por conta de sua incompetência gerada por fatores que são narrados e tratados como individuais, acaba por tornar a aprendizagem falha, ou ainda mais perversa, esta lógica ignora as inúmeras dificuldades impostas no cotidiano escolar e, quando o professor sucumbe a este silenciamento e produção de mal estar, ele seria um incompetente, um fraco.

Muitas vezes, até pessoas que ocupam cargos nas Coordenadoria de Educação ou até mesmo no nível central da Smerj reforçam esta naturalização. A compreensão de que a educação pública é ruim é um dado inerte que está estático para muitos profissionais, o que parece contribuir bastante com os processos de adoecimento dos professores. Trabalhar em um ambiente sabidamente complexo, com questões de remuneração e reconhecimento, produz e reforça a insatisfação e o ressentimento.

Logo no início, quando adentrei o campo da educação, participei de uma reunião entre os profissionais de uma CRE[46] e diretores de escola. Considero que é difícil manejar as reuniões com profissionais da educação, já que nelas são absolutamente comuns os relatos de insatisfação destes profissionais, mas uma fala de um coordenador da Coordenadoria Regional de Educação me chamou muita atenção. Ele teria dito aos diretores que estar na escola é muito difícil e que existem muitas questões, mas foi muito enfático: *"quem não aguenta a rotina escolar deve pedir para sair"*. Ele fazia certa menção ao filme *Tropa de Elite*[47]. Lembro que esta colocação me deixou absolutamente chocada e repercutiu para os profissionais presentes como um basta na explanação das queixas. Os professores não teriam espaço nem para colocar seus sofrimentos, isso não seria acolhido, deveriam passar a operar como profissionais que lidam com circunstâncias estanques. Estes espaços coletivos e de construção de estratégias estariam em desuso:

> A diminuição cada vez maior de espaços coletivos (de discussão e trato de problemas) nas escolas, enfraquece as táticas de resistência contra um sistema econômico que funciona como um "rolo compressor" (como dizem alguns professores), a psicologização de problemáticas sociais e políticas, além do alto número de adoecimentos entre os professores são algumas das questões. (MASCARENHAS, 2019, p. 18).

É imprescindível mencionar que os adoecimentos parecem se relacionar diretamente com a falta de espaços coletivos. Eles poderiam ressignificar o próprio adoecimento, possibilitando o descolamento desta individualização. Nestes grupos os professores poderiam compreender que seus sofrimentos

---

[46] Coordenadoria Regional de Educação. No município do Rio de Janeiro são ao todo 11 coordenadorias. Elas controlam frequência, a execução de tarefas ditadas pela SME, concentram as informações que direcionam as políticas da SME nos territórios.

[47] No filme *Tropa de Elite* é remontado o treinamento oferecido para os policiais que desejam ingressar no Bope. Este treinamento é composto de muitas situações-limite, tanto no aspecto físico quanto no psicológico, e o recruta que não consegue suportar tais mazelas "pede para sair" ou deixar o treinamento.

podem não ser apenas originados de fatores da química cerebral ou da depressão, síndrome do pânico, entre outras doenças comuns no cotidiano destes profissionais, mas impulsionados por carências e dificuldades, ausência de agenciamentos coletivos, que são vivenciados pelos profissionais que atuam em uma política pública tão complexa.

Desde nossas primeiras reuniões na educação, por volta do ano de 2008, quando não conhecíamos por onde e como começar nossa atuação *psi*, falas profundamente insatisfeitas já estavam presentes. Lembro-me nitidamente de grupos que fazíamos em 2008 com professores nas escolas, sempre éramos arguidos por uma professora insatisfeita: *"qual o objetivo deste trabalho? Parece que vocês só querem ouvir a gente e não tem um objetivo"*. Ela dizia. Este grupo a que me refiro buscava construir uma pauta coletiva sobre as assembleias realizadas pelas escolas.

O constante desapontamento dos professores sempre esteve presente nos diversos encontros dos profissionais da educação, a escola é um lugar que suscita muitas questões e exige os manejos dos mais diversos de seus profissionais: *"na falta de merenda o que devemos fazer?"*, *"quando o aluno notoriamente precisa de óculos e não tem equipe de saúde no território o que podemos fazer?"*, *"não tem material de xerox o que fazer?"*. São muitas demandas que, ao que me parece, exigem arranjos cotidianos, quase diariamente.

Os profissionais da educação já lidam com estas falas queixosas de uma maneira quase que naturalizada. Muitas vezes presenciei e até mesmo me vi comentando a postura de professores de uma maneira pouco acolhedora e também reforçando a desconfiança da formação e investimento dos profissionais docentes. É como se eles estivessem em um imobilismo, uma posição vitimizada. Alguns colegas psicólogos diziam que se trata de uma *"posição neurótica de constante culpabilização de um outro"*.

São inegáveis os boicotes, cortes e estratégias contestáveis em que a educação brasileira foi vítima nos últimos anos. Então, não há nada de novo na precarização da educação, mas destacamos as novas formas de atuação dos docentes nas escolas que se tornaram ambientes absolutamente judicializados e sem novas perspectivas, e, quando se pode conviver neste tipo de ambiente, o professor acaba adoecendo. Como estar operando esta prática e não ser afetado por esta avalanche de problemas complexos?

Estes constantes e repetidos questionamentos, que versam com a precarização das políticas da educação, com as motivações medicalizantes e individualizantes do espaço escolar, as constantes invasões jurídico-moralistas que adentram as escolas contemporâneas têm as mais íntimas relações com a proposta deste livro. A aposta é que estas linhas produziram um professor despotencializado, descrente de sua ação e potência no espaço escolar, carente de espaços coletivos e também adoecidos por estas diversas e frequentes invasões e vigilâncias que adentram o ambiente escolar.

Pergunto-me até que ponto o processo de adoecimento dos docentes não seria um limite que os corpos engendram para deter tamanha violência. O professor isolado em sua sala de aula, sem contato com seus pares, dividin-do-se entre as várias escolas que atua para compor uma renda mensal, ainda notavelmente preocupado com as inúmeras circunstâncias judicializantes que produzem medo e mais burocracia. Como é possível estar neste ambiente e passar incólume por todos estes processos? Até quando tomaremos, no trato com os professores, caminhos organicistas e individualizantes que interiorizam o adoecimento docente apenas como uma reunião de sinais e sintomas? Quando começaremos a acolher estes profissionais e questionar esta produção de incapacidade e ineficiência?

3.7 Processos de individualização: alunos e professores

Considerando a compreensão da subjetividade, apenas possível em um determinado momento histórico, numa composição de forças que, conjugadas, configuram o sujeito, não como uma condição natural do ser humano, mas como resultado de uma produção em determinados momentos sociais e políticos, é possível notar que relações de poder produzem diferentes necessidades, desejos, valorações. A subjetividade, então, "não se situa no campo do individual, seu campo é o de todos os processos de produção social e material" (GUATTARI; ROLNIK, 1986, p. 32).

Este processo que foi afirmado em seu campo eminentemente político e social, difere da noção deslocada do coletivo, extremamente difundida pela lógica individualista, que desconsidera a heterogeneidade da subjetividade e seu plano infinito de agenciamentos e conexões. Segundo os autores:

> Os processos de subjetivação [...], não são centrados em agentes individuais (no funcionamento de instâncias psíquicas, egói-cas, microssociais), nem em agentes grupais. Esses processos são duplamente descentrados. Implicam o funcionamento de máquinas de expressão que podem ser de natureza extra-pessoal, extraindividual (sistemas maquínicos, econômicos,

> sociais, tecnológicos, icônicos, ecológicos, etológicos, de mídia, enfim, sistemas que não são imediatamente antropológicos), quanto de natureza infra-humana, infrapsíquica, infrapessoal (sistemas de percepção, de sensibilidade, de afeto, de desejo, de representação, de imagens, de valor, modos de memorização e de produção idéica, sistemas de inibição e de automatismos, sistemas corporais, orgânicos, biológicos, fisiológicos, etc.). (GUATTARI; ROLNIK, 1996, p. 31).

É importante sinalizar que a concepção de subjetivação é diferente da noção de individualidade. Barros (1997) menciona que a noção de indivíduo vem se fortalecendo com o capitalismo e com a ascensão das classes burguesas, valorando os sujeitos pela "lógica da acumulação de riquezas e reforçando uma ideia de interioridade deslocada de uma dimensão social e política" (p. 121). Esta noção de individualidade reforça lógicas liberais que avaliam os sujeitos por suas "características pessoais" como se estas fossem componentes únicos e de certa maneira inatos, descolados da realidade do sujeito e do conjunto de relações que ele estabelece em seus espaços.

Barros (1997) aponta que "a subjetividade, múltipla em sua natureza, é engessada em sua fôrma/forma individualidade, restringindo-a ao exercício de sua suposta identidade" (p. 121). Desta maneira, questões que podem convocar uma análise política, social, institucional, são interpretadas como características individuais e valoradas como se representassem a própria existência daquele sujeito: "espaço e tempo esquadrinhados, disciplinarizados, a escola caminha na direção do sucesso, da utilidade e da produtividade" (p. 121).

No plano micropolítico[48] as instituições escolares foram absolutamente fundamentais para o sucesso das lógicas capitalistas e da dimensão da individualidade ter ganhado tanta importância com suas características que as descolam dos planos macropolíticos, como se estes planos não se relacionassem. Este tipo de formulação que reforça o controle e o insere para dentro de nossas lógicas e valorações sociais é essencial para o sucesso do capitalismo, elas possibilitam que possa haver um sujeito ou uma forma de existência que seja padrão, normal, esperada. Não é ingênua a afirmação de que "no cenário contemporâneo a subjetividade é bem mais valiosa do que o petróleo" (GUATTARI; ROLNIK, 1986, p. 26), sendo esta subjetividade a força que mantém o capitalismo neoliberal.

---

[48] Como dizem Deleuze e Guattari (1996, p. 90), "tudo é político, mas toda política é ao mesmo tempo macropolítica e micropolítica", fabricada por ambas as segmentaridades entrelaçadas. Interessa-me particularmente o estudo desse plano micropolítico, de produção de subjetividades e onde ocorrem os processos de subjetivação.

A escola, um dos principais expoentes dos processos da disciplina e controle, vigilância e hierarquização de sujeitos, qualidades e saberes, entre outras, é uma das instituições que mais reproduz e capilariza a lógica da individualização, propagando a lógica da produtividade e da utilidade de sujeitos e práticas pertencendo a um mesmo código, a uma repetição esperada que tem que ser produtiva e rentável. O individual torna-se uma espécie de "terminal consumidor das demandas artificialmente produzidas", ou industrializadas pelos dispositivos capitalistas: "esse terminal individual se encontra na posição de consumidor de subjetividade" (GUATTARI; ROLNIK, 1986, p. 32).

Estas exímias técnicas de dominação individualizam e regulam nossos modos de existência também, por meio de seus mecanismos de exclusão, tratam de colocar os sujeitos que não se encaixam nesta estrutura padrão de existência como candidatos aos projetos de silenciamento das idiossincrasias por meio da medicalização e do fracasso escolar. Nesta composição de forças imanente, surgem as formas-individualizadas e identidades fixadas, estratificando as existências.

Em muitas práticas de saber-poder atuais, encontramos o fomento de práticas que baseiam sua atuação a partir da concepção de um sujeito a-histórico, naturalizando aspectos sociais e psicológicos dos problemas e fenômenos encontrados cotidianamente. "Os ditos aspectos 'subjetivos' são tomados a partir de substancialismos, privilegiando o sujeito, sua 'personalidade', produzindo estratégias e intervenções descoladas do contexto social, cultural e histórico" (BARROS; GUEDES; SOUZA, 2009). Com isso, os efeitos destas relações de saber poder não são problematizados, e as consequentes produções são naturalizadas.

Nesta intenção de localizar o problema e cerceá-lo em apenas um foco, um dos mecanismos mais fomentados nas escolas é a "produção de culpados". Machado (2007) pontua que assim surgem problemas cristalizados em alguns personagens — assim são produzidos os alunos problemáticos, professores que não "dão conta" de suas turmas, professores que "não sabem dar aula", dentre outras produções.

Também menciono, para a análise destas noções que individualizam fenômenos notadamente coletivos, o curso *Segurança, Território e população*", de Foucault (2008d), no qual o processo de vacinação contra a varíola inaugura a possibilidade de a medicina realizar análises quantitativas de prevenção, o que é amplamente desdobrado, produzindo noções de risco, condutas certas/erradas, entre outras. Neste processo destacamos a noção de caso, que:

> [...] é uma maneira de individualizar o fenômeno coletivo da doença, ou de coletivizar, mas no modo da quantificação, do racional e do identificável, de coletivizar os fenômenos, de integrar em um campo coletivo os fenômenos individuais. (FOUCAULT, 2008d, p. 79).

Dazzani e outros (2014) trazem uma análise de cerca de 35 trabalhos recolhidos nas últimas décadas e produzidos a partir do recorte da psicologia escolar, mais detidamente sobre a queixa escolar, sendo estas teses, artigos, entre outros. Estes autores observam que "há uma descaracterização da escola enquanto um espaço pedagógico, tornando-se ela cada vez mais um espaço clínico" (DAZZANI *et al.*, 2014, p. 3). Os espaços escolares estão produzindo e reforçando os processos de medicalização e individualização das queixas.

Não há dúvidas de que o fenômeno da medicalização está presente de forma opressora em nossa sociedade, sendo alvo de combate das inúmeras propostas críticas, mas ainda exíguas diante da sólida inserção medicalizante em nossa subjetividade contemporânea. Retornando para a análise das escolas, os autores (DAZZANI *et al.*, 2014) comentam:

> Em rigor, a escola não está constituída por um discurso que, por si só, seja crítico em relação à própria produção do fracasso. Este traço característico da prática institucional escolar tem muitos aspectos, os quais se expressam, por exemplo, na **desvalorização do lugar do professor (tanto na sua formação como no seu reconhecimento social)**, na estigmatização das famílias (sobretudo daquelas em situação de vulnerabilidade socioeconômica), na ausência de espaços para reflexão entre educadores e pais e na falta de uma postura escolar baseada na escuta da criança. (p. 4, grifo nosso).

Conforme detalharemos no decorrer deste livro, o processo de desvalorização e questionamento da formação e atuação dos professores está destacadamente presente e banalizado como um dos mais importantes problemas escolares contemporâneos.

Esta concepção que individualiza situações enfrentadas no cotidiano dos professores parece encontrar bastante reforço e difusão na culpabilização daqueles que se encontram em situações difíceis, já que "o insucesso do qual padecem seria fruto unicamente de sua incompetência" (SOUZA, 2014, p. 130). Esta lógica fomenta uma verdadeira cisão entre as dificuldades coletivas que são enfrentadas pelos professores nas escolas, tais como a judicialização, a violência e a atuação de cada professor em particular. Essa noção é tão amplamente difundida que podemos até chegar a questionar a verdadeira enxurrada de prescrições e adoecimentos que os professores denunciam. Questionar, no sentido de analisar até que ponto estes processos são adoecimentos individuais ou na verdade são a verdadeira pista que escancara mais uma vital necessidade de mudança no espaço escolar. Estas imposições e a convivência com o medo acabam trazendo inúmeras consequências para a saúde mental destes profissionais e para a instituição escolar.

Foi realizada uma pesquisa que demostrou que, no ano de 2014, o afastamento de professores na rede estadual de ensino do Rio de Janeiro teve como segunda maior causa o diagnóstico da depressão (NETO, 2015). Outra pesquisa similar foi realizada em 2018 na Secretaria Municipal de Educação do Rio de Janeiro, menciona que ao todo concedeu 3.055 licenças por doenças psicológicas ou psiquiátricas (CAPETTI, 2019). Certamente podemos problematizar os efeitos para alunos e professores que estão diariamente nesta relação produtora de sofrimento e adoecimento.

É importante traçar uma peculiaridade que considero constituinte neste trabalho. É notória a produção do processo de medicalização de alunos, presente em inúmeros trabalhos e sinalizada nas diferentes publicações de diversos autores e do Conselho Federal de Psicologia quando observa a atuação de psicólogos nas escolas (CRPRJ, 2016; PATTO, 1984, 1990), mas destaco, sem obviamente desconsiderar este processo, a medicalização dos professores. Minha aposta é que, como já apontado em inúmeros trabalhos, o ambiente escolar (e não só ele) interpreta os problemas de aprendizagem como provenientes de uma matriz patológica e orgânica.

A análise que tracei sobre os professores corre em uma diferente perspectiva: sutilmente diferente do processo de medicalização dos alunos em que há uma inversão de pauta em que aspectos complexos são tomados como patológicos[49], os professores estão, por conta de todos os entraves e invasões contemporâneos nas suas práticas, de fato adoecendo. Estão sucumbindo diante de tantas violações, violências e precariedades dispostas no ambiente escolar. No decorrer deste trabalho aparecem algumas linhas que compõem a genealogia destes processos com o destaque aos docentes.

Destaco as diferenças da medicalização de professores e alunos como "sutil" porque ambas detêm, ao que parece, linhas epistêmicas próximas e até

---

[49] Estes processos de medicalização de alunos suscitam diferentes efeitos, tais como o tratamento do fracasso escolar como adoecimento (PATTO, 1984, 1990), o significativo aumento de diagnósticos psiquiátricos em crianças, entre outros.

efeitos similares: considerando que são processos que acabam por resultar em um sofrimento que pode ser narrado como psíquico, psiquiátrico ou orgânico. Mas neste livro adoto a proposta de compreender o adoecimento dos professores de uma maneira diferente da que analisamos as práticas da medicalização dos alunos.

A gênese da medicalização dos alunos e professores traça uma raiz comum, que pode ser mencionada como possíveis efeitos dos processos de individualização da vida que vivemos, mas aqui a proposta é mencionar o processo de adoecimento de docentes como um estopim de processos de intervenção judiciária, carência e sucateamento da política da educação, desvalorização do papel do professor, desconfiança de seu trabalho, retaliações jurídicas e policialescas de sua atuação.

A proposta central do processo de medicalização dos alunos, ainda que não seja explicitada de maneira clara, seria absolver todas as complexas questões escolares que envolvem a homogeneização, os modos-indivíduo, a precarização do ambiente escolar... entre muitas outras, silenciando-as com o uso de medicamentos e explicações patológicas para a crítica encarnada pela conduta dos chamados "alunos-problemas[50]" que questionam este modelo escolar. Com isso não questionamos este modelo escolar naturalizado e reprodutor de subjetivações capitalísticas.

Já no caso dos professores, também existe este processo de adoecimento notável e verificável ao extraímos situações do campo escolar e dos números assustadores de adoecimentos docentes. A questão patológica, no caso dos professores, apesar de também ser resultante de um processo de individualização, impulsionado pela nossa produção subjetiva contemporânea, seria no caso dos docentes, uma maneira possível de questionar a lógica que produziram estas afetações nestes profissionais.

Conforme colocado por Freller (1997), o olhar que privilegia modos individualizantes de investigação nos adoecimentos baseia-se em uma proposta marcada pelo modelo clínico psicológico tradicional, que compreende os movimentos psíquicos como arranjos particulares e individuais, deslocando-os de uma narrativa que considere a maneira com que estes são produzidos e a sua dimensão histórica, social e política.

---

[50] Para Patto (1990) o "aluno-problema" seria um resultado de um processo de individualização das questões escolares, recaindo uma responsabilização de alunos em particular. Estes alunos comumente apresentam problemas de aprendizagem e nos relacionamentos e convivências escolares. Este processo culmina muitas vezes na medicalização do fracasso escolar.

Estes afastamentos e adoecimentos dos professores também podem ser tomados a partir do viés medicalizante, que despotencializará a crítica que subjaz neste processo de adoecimento, mas pode também abrir possibilidades para outro olhar ou outra maneira de afetação dos profissionais nas situações escolares. Eis aqui uma perspectiva que toma o sintoma como um propulsor de mudanças e não apenas de demolição, algo a não ser desconsiderado e tamponado apenas a partir de uma lógica de eliminação de suas origens, mas tomado como "um pássaro que pode bater na janela" destacando questionamentos das práticas instituídas (GUATTARI; ROLNIK, 1996, p. 222).

É imprescindível difundir e fundar outras bases para lidar com estes processos de adoecimento docente, a partir de uma micropolítica de transformação molecular que passa por um questionamento radical dessas noções de indivíduo, como referente geral dos processos de subjetivação (ROLNIK; GUATTARI, 1996 p. 32). Conforme afirma Foucault (2008a) é necessário construir modos de romper com estas lógicas:

> É preciso pôr em questão, novamente, essas sínteses acabadas, esses agrupamentos que, na maioria das vezes, [...] são aceitos antes de qualquer exame, esses laços cuja validade é reconhecida desde o início, é preciso desalojar essas formas e essas forças obscuras pelas quais se tem o hábito de interligar os discursos dos homens; é preciso expulsá-las da sombra onde reinam. E ao invés de deixa-las ter valor espontaneamente, aceitar tratar apenas, por questão de cuidado com o método e em primeira instância, de uma população de acontecimentos dispersos. (FOUCAULT, 2008a, p. 24)

Diante do processo que descaracteriza a noção de produção histórica, social e política dos fenômenos, é cada vez mais comum, quando se deseja incentivar a passividade e a subserviência, negar os espaços de trocas, incentivando o silenciamento pela individualização. Ao individualizar o problema, retira-se dele os aspectos políticos e o coloca sob a responsabilidade das famílias, dos alunos ou dos professores. Proliferam noções nas quais as leis e regras trariam os desviantes para a norma, incitando as lógicas medicalizantes e/ou judicializantes.

No capítulo 4 deste livro, darei destaque a acontecimentos que puderam romper com as lógicas individualizantes já sinalizadas especificamente no campo da educação. Através de relatos extraídos em entrevistas e nas situações vivenciadas nos grupos de professores dos quais fiz parte, de situações em que estes sintomas puderam visibilizar estas lógicas massificadoras que já estão naturalizadas pelas práticas escolares.

3.8 A "expansão do judiciável[51]" na escola contemporânea

Foucault (2008e) remonta no livro *Vigiar e Punir* ao descrever o suplício de Damian, uma modalidade de punição que gerou uma série de revoltas do povo contra a arbitrariedade e violência generalizada, demonstrando que os pobres não teriam direito a justiça. Lobo (2012) menciona que a lógica do suplício demonstrava "uma má economia de poder, mal distribuída, pois em excesso do lado dos magistrados pouco criteriosos na escolha das penas, arbitrária demais e exercida sem limites pelo rei" (p. 27).

Com o estabelecimento de uma nova economia do poder de castigar, que "assegura uma melhor distribuição dele, faz com que ele não fique concentrado demais em alguns pontos privilegiados [...] que seja repartido em pontos homogêneos, que possam ser exercidos em toda parte", Foucault (2008e, p. 75) contextualiza a inauguração de uma fórmula liberalista/legalista que precedeu o suplício, mas não resistiu aos inúmeros abusos de poder subsequentes e aos mecanismos de resistência como os sindicatos e imprensa, mas produziu muitos efeitos (LOBO, 2012). Segundo a autora na atualidade as circulações de poder não localizam a punição em um indivíduo, mas na proliferação de uma lógica de circulação não localizada e capilar, funcionando como uma economia de poder.

As transformações destas lógicas são atravessadas por complexas relações que vão se transformando com a mudança das linhas[52] que estão dispostas. O modelo disciplinar que em outrora garantia um controle mais nítido e uma manutenção de poder mais localizada, atualmente perde espaço para uma lógica que se insere muito mais no cotidiano e que procura suavizar sua economia de poder, Deleuze (1990) nomeou esta nova lógica como "sociedade de controle".

As tecnologias judicializantes não seriam uma coisa única, ou mesmo uma instituição ou uma estrutura, mas estariam dispostas em nossa sociedade

---

[51] A "expansão do judiciável" foi tratada por Lobo (2012) no artigo "A expansão dos poderes judiciários" a partir das reflexões de Foucault no artigo "La rédéfinition du judiciable" ou "A redefinição do judiciável", publicado em 1977 na revista francesa Justice. Conforme apresentado no texto, notamos uma expansão do que é objeto do judiciário, demonstrando a partir destas análises a difusão das funções judiciárias em todo o corpo social. Nesta parte do trabalho, discutimos os modos de como esta expansão se dá contemporaneamente nas escolas.

[52] Refere-se as linhas que produzem a nossa subjetividade, elas podem ser de segmentaridade dura, maleável e de fuga. Ver nesta tese p. 21.

de forma analítica[53]. Elas servem muito mais a este controle ao ar livre, que sugere uma garantia de direitos e estabelecimento de uma nova ordem social, do que as instituições identificáveis como oriundas de uma lógica disciplinar, mais facilmente discriminadas em uma modelo de punição e adestramento do corpo. Na tarefa de uma regulação dos novos modos de individualização contemporâneos, estes controles encontram-se a cada dia mais disfarçadas em direitos e legislações, tornam-se mais veladas suas hierarquias e valores (ROLNIK; GUATTARI, 1996).

Seguindo as pistas de surgimento de mecanismos judicializantes como reguladores e detentores de saberes que normatizam as sociedades contemporâneas, a instituição escola, que durante séculos teve um papel fundamental na disseminação da punição, castigos físicos, controle e "vigilância das almas" teve que ceder este lugar para uma outra instância, desta vez pretensamente mais igualitária e justa. É interessante pontuar que esta técnica de poder se difunde com a promessa que todos tenham acesso e direito à justiça, instaurando novas formas de controle cada vez mais sutis, que à primeira vista passam por desejáveis por todos, mas que no cotidiano produzem inúmeros desconfortos, cerceamentos das possibilidades inventivas e acabam por despotencializar muitas possibilidades de criação dos profissionais na escola.

Outro aspecto importante é que estas instituições que foram reguladoras e estavam no ápice da engrenagem disciplinar são muito atravessadas por estas regulações pretensamente mais democráticas. Presenciamos a expansão dos mecanismos judicializantes em muitos saberes e poderes, muito é falado sobre a judicialização da medicina, das políticas públicas, do legislativo... O espaço escolar é mais um dos espaços que esta judicialização perpassa.

A partir do reforço destes processos, cabe sugerir um aumento da já significativa expansão do judiciário regulando e servindo como orientador de práticas nos mais diversos papéis exercidos no cotidiano escolar. Esta linha de força, que se dissemina por todo o corpo social, coloca-se numa posição de combatente e adversária da violência, dos abusos, a serviço de legislações e em defesa das práticas democráticas.

O Judiciário consegue conquistar em nossa sociedade espaços de poder impressionantes. No ano de 2010, o Conselho Federal da Ordem dos Advogados do Brasil (OAB) noticiou que no Brasil temos mais faculdades

---

[53] As tecnologias judicializantes estão dispostas em inúmeros mecanismos de controle social, práticas e leis. Essa presença muitas vezes não aparece de forma declarada, muitas vezes disfarçadas de leis e garantias de direitos, essas novas modalidades de controle perpassam inúmeras esferas da vida, em diferentes níveis, tendo efeitos nas mais várias ordens e áreas.

de Direito do que existe na China, Estados Unidos, Europa e África juntos, que somam cerca de 1.100 cursos. Segundo a OAB (2014) no Brasil contamos com 1.240 cursos destinados a esta graduação, o que sem dúvida aponta para uma hegemonia que traz alguns contornos do poder que circula na atuação judiciária em nosso país.

Segundo Foucault (2008e) as relações de poder estabelecidas nas instituições, seja nas escolas, prisões ou quartéis, foram marcadas pela disciplina, produzindo a docilização dos corpos entre outros efeitos de cerceamento de singularidades. Atualmente na vigência das sociedades de controle (DELEUZE, 1992), a escola contemporânea tem se tornado um espaço estratégico de gestão de vida e dos riscos, sendo uma instituição exímia na regulamentação liberal da vida (HECKERT; ROCHA, 2012) com sua enorme quantidade de políticas e práticas de normalização, ainda mais sofisticadas do que as tecnologias disciplinares (FOUCAULT, 2008e). Neste sentido, a hipótese é que a subjetividade dos docentes hoje se produz de maneira diferente do que se produziu no início do século XX, quando professores e a escola se engendravam no auge de uma estrutura disciplinar (FOUCAULT, 2008e).

Analisando as formas contemporâneas de subjetivação e a circulação de forças que constituem o sujeito, a escola atual se torna um ambiente de discussão de ideias e disseminação de múltiplos mecanismos de controle e prevenção, promovendo a idealização de certa "proteção", "segurança" e "prevenção" de todos os envolvidos nesta relação, abarcando professores, alunos, pais e multiplicando seus efeitos massificadores (FELICIO, 2014). Essa transformação foi possível dado à imensa extensão do que é objeto do judiciável (LOBO, 2012), tendo a escola como um ambiente que se adequou perfeitamente na difusão de mecanismos judicializantes para todo o corpo social.

O reforço às práticas judicializantes nas relações escolares atrela-se a todo um refinamento do controle requerido pelo funcionamento do regime democrático, no qual, como mencionado anteriormente, a repressão passa a operar mais sutilmente, incentivando condutas por intermédio de saberes devidamente estabelecidos em suas relações de poder. A Medicina e o Direito servem comumente para o controle das virtualidades contidas nas definições de "normal" e "anormal". Segundo Lobo:

> Faz parte da economia de poder na atualidade a multiplicação do papel da magistratura e, principalmente, a multiplicação da função judiciária no corpo social. O que hoje se observa

> é a multiplicação dos objetos judiciáveis [...]. Parece estar acontecendo um processo de inversão do poder judiciário em comparação com o século XIX, quando uma rede institucional não judiciária desempenhava funções que hoje estão sendo gradativamente atribuídas à justiça. [...] Percebe-se hoje em dia um clamor por leis mais duras e corretivas [...], a lei cumprindo função pedagógica de mudanças de comportamento. (2012, p. 29).

Estas solicitações, provenientes da lógica do risco e da insegurança que se instaura nas escolas, vêm encorpadas de um forte aumento da punibilidade e comumente são endereçadas a órgãos de justiça. Atualmente observamos o recrudescimento de denúncias no âmbito escolar: professores são processados por pais de alunos, ameaçados por estarem fazendo dominação e até o Ministro da Educação vem a público tentar criminalizar possíveis condutas de professores (FARIAS, 2019).[54]

No cotidiano da escola, é notório o adensamento de uma linha de força, que repercute ideias de que a escola não é mais um lugar seguro e que pode a qualquer tempo servir como palco de cenas de violência e manipulação, muitas vezes irremediáveis, e, aliado a essa situação, destaco a intensa produção de leis, como resposta aos problemas sociais.

São constantes os apelos midiáticos que tomam a violência nas escolas como tema. Eles fomentam a produção de medo e insegurança, questionam a capacidade dos professores, diretores, pais, alunos etc. de construir estratégias para o enfrentamento da violência em seu âmbito e comumente solicitam a intervenção do judiciário como regulador e integrante destas soluções.

A partir deste movimento, cabe sugerir um aumento da já significativa expansão do judiciário regulando e servindo como orientador de práticas nos mais diversos papéis exercidos no cotidiano escolar. Este processo se dissemina por todo o corpo social, colocando-se numa posição de combatente e adversária da violência, a serviço de legislações e modelos de punibilidade que pretensamente assegurariam a paz nas escolas, a proteção das crianças e a devida punição daqueles que estariam trazendo "risco" para o espaço escolar.

Seguindo estas ideias, os professores são produzidos pela forma como vivem a experiência de suas práticas docentes, isto se relaciona a uma série de circunstâncias que delimitam e prescrevem o fazer docente, estabelecendo

---

[54] O ministro da educação Abraham Weintraub, publicou um vídeo no Twitter fomentando que alunos e pais denunciem professores que estiverem "coagindo alunos para participar de manifestações" (FARIAS, 2019).

assim a forma de pensar e fazer-se professor. Nesta atualidade do fazer docente, verifica-se uma circulação de preocupações e práticas relacionadas a "segurança", gestão de riscos", "proteção", "prevenção da violência", "bullying", "vulnerabilidade", "neutralidade", "respaldo", "processo judicial", enfim, dentre muitas outras que tem em comum os investimentos na linha das políticas de controle e vigilância (ARANTES; VAZ, 2013).

A incitação de temáticas ligadas à violência nas escolas também impulsiona o reforço à criação de leis/balizadores/prescritores/manuais, estes afetariam esferas ligadas às práticas docentes nas salas de aulas e trariam consequências para os educadores em suas práticas cotidianas, já que estes modelos desconsideram o que há de singular nestes profissionais, que possuem um repertório que foi construído a partir de sua experiência na execução de tarefas e comportamentos nas salas de aulas (FELICIO, 2014).

A partir destas tentativas de controle do que poderia ser objeto de uma punição legal, em estar "agindo em conformidade com a legislação", ou medo de ser eventualmente punido por agir fora dos padrões estabelecidos nas legislações e manuais prescritivos, o professor seculariza sua experiência profissional e seu repertório singular de atuar nas escolas (FELICIO; MELO, 2019a).

É possível problematizar a forma que os professores estão lidando com esta enxurrada de leis e práticas no seu cotidiano nesta existência que anteriormente adjetivamos como "estranha", que infelizmente parece naturalizar os pedidos judicializantes. Neste sentido, para exemplificar a aderência destas linhas nas subjetividades docentes, segue a problematização de Chrispino e Chrispino (2008):

> A judicialização das relações escolares é um fato verdadeiro e, a nosso ver, ocorre em grande número porque os atores educacionais envolvidos **não foram formados** para lidar com esta nova demanda e **não foram informados** sobre as novas obrigações decorrentes destes instrumentos legais que explicitam deveres e garantem direitos. Os educadores, quando muito, tiveram algumas aulas de LDB (Lei de Diretrizes e Bases da Educação Nacional), com forte viés ideológico e pouca visão cotidiana. (p. 11, grifo nosso).

Destaco certa homogeneização do manejo com as leis pelos próprios professores, como se estas se tornassem imprescindíveis para o atual posicionamento destes profissionais nas salas de aulas. E, mais estranho ainda,

A PRODUÇÃO DE SUBJETIVIDADE DOCENTE E O ADOECIMENTO DE PROFESSORES

como se estas leis tivessem que ser conhecidas e cumpridas para que o professor possa exercer sua função, criando uma inculcação diferente para o profissional docente na atualidade brasileira. Ele, além dos conteúdos referentes às suas disciplinas, também deverá conhecer detalhadamente as legislações e ter muito cuidado com seus comportamentos, evitando possíveis punições, sejam por doutrinação[55] ou por descuido com estas leis. Diante dos cotidianos ataques sofridos por estes profissionais, encorpa a demanda de leis para regular o que pode ser dito no ambiente escolar, do que pode ser filmado, do que deve ou não ocupar as pautas pedagógicas, ou seja, de quais controles serão utilizados e como serão descritos legalmente para que, supostamente, não haja dúvidas.

Nota-se uma construção de um senso que naturaliza estas intervenções legais e ainda deslegitima a prática de ensinar, colocando o professor ora defendido por regulamentos de conteúdos judiciários ora dedicado a se informar a respeito destes conteúdos. Muitos professores são cotidianamente desqualificados por desconhecerem conteúdos legalistas. Neste sentido, reafirmando as constantes desqualificações que os professores passam cotidianamente, Crispino (2008) afirma:

> **Insuficientemente formados e não capacitados para a nova ordem legal que impacta a atividade educacional**, conforme já estudamos anteriormente (CHRISPINO,2000, 2005), os educadores e gestores enfrentam uma série de ações judiciais resultante de demandas promovidas por alunos, famílias, comunidade ou mesmo o Ministério Público. Grande parte destas ações resultam em responsabilidade civil, em danos morais, materiais ou de imagem, reparáveis com valores. (p. 11, grifo nosso).

Interessante pontuar que esta ideia de que os professores devem se "capacitar" para lidar com as situações passíveis de judicialização circula com grande aderência na Secretaria Municipal de Educação do Rio de Janeiro[56], que periodicamente promove cursos com esta temática nos encontros de professores, como se fossem intermináveis, obedecendo à lógica das sociedades de controle (DELEUZE, 1992). O que este movimento aponta e o que circula em grande parte dos discursos a respeito do professor no presente é que a má,

---

[55] O termo *doutrinação* é uma das maiores preocupações na vida atual da prática docente. Ele será pormenorizadamente analisado no capítulo 4 deste livro.

[56] Um dos campos de pesquisa de desenvolvimento da proposta desta obra, apresentado no capítulo 2.

insuficiente e inadequada formação de professores resulta num despreparo técnico para lidar com demandas sempre urgentes e inevitáveis, daí a profusão dos citados cursos. Mas, para além deste apelo constante à formação, este entendimento possui outros desdobramentos despotencializadores.

Comumente acolhemos em nosso programa[57] inúmeras queixas em relação às mais diferentes situações que envolvem professores. Noto que estas queixas têm, a cada dia, se tornado mais próximas a desconfiança e certa desqualificação dos profissionais. Algumas vezes os próprios professores desejam que as equipes possam avaliar e classificar suas atuações, como se fossem incapazes de realizar intervenções ou confirmar, caso já tenham realizado, se a condução da situação foi suficiente:

> *Vocês acham que fiz certo de intervir e ajudar a menina que estava com dificuldade de se relacionar com os colegas? Sei que um psicólogo sabe fazer isso bem melhor que um professor.* (Professor de ensino fundamental em 8 de agosto de 2017).

> *O professor de hoje em dia é extremamente malformado! Como pode dar atenção a alguém se entra e sai de escola toda hora? É importante vigiar o que esse pessoal está fazendo nas salas de aula.* (Professor de ensino fundamental em 8 de agosto de 2017).

> *Para atuar na sala de aula no cotidiano seria necessária uma avaliação médica de tempos em tempos. Jogam o professor na escola e por isso dá tudo errado.* (Professor de ensino fundamental em 12 de setembro de 2018).

> *Deveriam oferecer na SME uma equipe de psicólogos para os professores, muita gente que conheço está doente. Aí nos colocam para cumprir estes horários desumanos e dar conta de tanta gente, alguém tem que dizer que isso não está sendo possível.* (Professora de ensino fundamental em 12 de setembro de 2018).

> *Aqui na escola os professores estão a cada dia dando mais problemas. Parece que hoje em dia ser professor virou um bico, que ninguém quer, só fica até conseguir alguma coisa melhor.* (Professor de ensino fundamental em 15 de julho de 2016).

> *Os professores na maioria das vezes agem da maneira que querem e se tornam um perigo para a escola. Seria interessante construir uma cartilha que instruísse ele desde o momento que dá bom dia para a turma.* (Professora de ensino fundamental em 12 de setembro de 2018).

---

[57] Semanalmente realizamos reuniões de equipe em que coletivizamos muitas situações recolhidas nas atuações buscando pensar coletivamente modos de intervenção e atuação nas escolas. É importante mencionar que estes espaços coletivos de discussões de estratégias encontram-se cada vez mais escassos na política da educação.

Será que a formalização e repasse destes conteúdos legalistas e incentivadores de medo pode dar conta da avalanche de pedidos e funções que a escola e os profissionais professores carregam? Podemos efetivamente ter um controle sobre o que pode vir a acontecer no ambiente escolar? Quais os efeitos da convivência neste ambiente extremamente hostil e judicializado para os profissionais e alunos que lá estão? É possível criar maneiras de se lidar com estes conteúdos massificadores, quais são as estratégias? A constante entrada e interferência judiciaria e policialesca é problematizada no cotidiano escolar?

Sem a pretensão de responder definitivamente tais questões, mas partindo delas na tentativa de promover uma análise dos processos sociais atuais, podemos esboçar o estudo e perspectiva que esta obra propõe.

Na escola em muitos momentos já houve um clamor por parte dos docentes de um recrudescimento de práticas judicializantes no cotidiano escolar (CHRISPINO; CHRSIPINO, 2008; FELICIO, 2014; FELICIO; MELO 2019a; MARAFON, 2013; NASCIMENTO, 2013), nota-se que na atualidade este processo incorporou novos algozes e outras pessoas que estariam sob a necessidade de vigilância. Estes sujeitos a serem incriminados e monitorados na atualidade são os professores. Como destaco mais detidamente a seguir, os mecanismos judicializantes são os mais utilizados no controle e adestramento da atividade docente.

Como já foi possível descrever, a escola é comumente invadida por práticas judiciárias e morais, incitando a vigilância mútua, produzindo verdades e pretendendo calcular a vida a partir da previsão de situações que podem ser alvo de processo ou intervenção judiciária, como exemplo posso citar a prática do "respaldo[58]" (FELICIO, 2014). Diante de tal complexidade, noto que a produção de professores neste ambiente traz inúmeras consequências para a escola, então, pesquisar a forma que profissionais são produzidos em meio ao processo de judicialização das relações escolares é imprescindível para podermos visibilizar estes acontecimentos e construir saídas que possam romper com a lógica judicializante.

O professor é o profissional de referência para inúmeros alunos, seguindo o modelo disciplinar de funcionamento, ele é o agenciador de punições e de elo-

---

[58] A palavra *respaldo* significa para os dicionários *encosto, recosto, amparo*, tendo nas práticas e nos discursos dos educadores sido relacionada à produção de relatórios, materiais escritos, livros de ata, ou qualquer documentação escrita, que narre acontecimentos e situações que seriam componentes de um conflito, ou mesmo as que podem "vir a ser" entendidas desta maneira.

gios. Em seu cotidiano, constrói formas de lidar com as inúmeras circunstâncias extradomiciliares das crianças e adolescentes que circulam nas escolas, estas também são cada vez mais tuteladas pelos órgãos de justiça (NASCIMENTO, 2015). Nas pesquisas realizadas nos ambientes escolares contemporâneos, questiona-se os efeitos desta produção quando este profissional não está livre para poder construir uma relação com o aluno. É possível supor que ele trabalhe com medo de ser processado, o que pode motivar inúmeras posturas defensivas e pouco inventivas no cotidiano escolar (FELICIO, 2014; FELICIO; MELO, 2019a).

Inúmeras práticas de "respaldo", "proteção", "livros-ata" tomam espaço e lugar nas discussões do dia a dia nas escolas, invadindo também o tempo e dedicação dos profissionais, tomando no funcionamento da escola contemporânea o lugar de maior importância. Estas preocupações secundarizam as discussões pedagógicas e esvaziam conteúdos que seriam próprios da instituição escolar. Ao invés da escola manter, em seu diferencial, espaços pedagógicos de coletivização e circulações de ideias ela se refina como instituição de controle. Impressionante também observar que muitos professores naturalizam a intervenção judiciária nas escolas, tomando as prescrições como verdades.

> *A escola atualmente tem que se preocupar com a legislação.* (Professor de ensino fundamental em 10 de março de 2017).

> *Isso por acaso saiu em algum decreto? Caso contrário não poderei cumprir.* (Professora de ensino fundamental em 15 de abril de 2018).

> *Este aluno só entra na escola novamente se tiver um mandado judicial.* (Professora de ensino médio e fundamental em 10 de março de 2017).

> *Hoje em dia estamos sob vigilância contínua, a sociedade quer que o professor falhe para culpá-lo.* (Professor de ensino fundamental em 10 de abril de 2019).

> *Só encaminho estes laudos para as clínicas porque existe um decreto que solicita, senão não faria.* (Professor de ensino fundamental em 15 de abril de 2018).

"O educador encontra-se regulado por inúmeras normas que prescrevem suas condutas e todo o seu modo singular de estar na sala de aula resume-se artificialmente em uma condução cerceada pela legislação" (FELICIO, 2014, p. 23). Estas imposições, como já exposto anteriormente, acabam despotencializando a atuação do educador, reforçando a produção deste medo de ser

A PRODUÇÃO DE SUBJETIVIDADE DOCENTE E O ADOECIMENTO DE PROFESSORES

notificado/citado/denunciado/punido, ou até mesmo de ser taxado como um incompetente para lidar com as situações cotidianas. O professor então fecha-se diante destas virtualidades[59], tornando seu ofício ainda mais penoso e solitário:

> *Eu não falo mais nada, sempre a culpa recai sobre o professor.* (Professor de ensino fundamental em 10 de março de 2017).

> *Não vou mais encaminhar nenhum aluno para a saúde, lá eles pedem laudo, mandaram agora um questionário para preenchermos. Parece que somos uns ignorantes que só querem se livrar do aluno.* (Professora de ensino fundamental em 15 de abril de 2018).

> *Acho que os profissionais da saúde duvidam muito do professor. Nós sabemos que mesmo indicando para o tratamento este aluno ainda será nosso, só queremos ajuda para lidar com os problemas.* (Professor de ensino fundamental em 5 de abril de 2018).

> *Entregar este laudo que a saúde pede não adianta nada, é uma perda de tempo, nunca recebi nenhum retorno de alguém interessado no que escrevemos sobre o aluno.* (Professor de ensino fundamental em 15 de abril de 2018).

> *O professor está sempre errado, não importa o que fazemos.* (Professora de ensino fundamental em 12 de setembro de 2018).

> *Na CRE estão evitando fazer reuniões com os professores porque estão querendo calar as reclamações. Ninguém quer ouvir o que este prefeito está fazendo com a educação.* (Professora de ensino fundamental em 10 de abril de 2017).

Comumente, também reproduzimos estas queixas que despotencializam o professor e o colocam neste lugar de incompetente. Como observa Bueno (2016) em uma tese elaborada a partir do trabalho interdisciplinar na educação: "eu fui reproduzindo essa postura culpabilizatória que já se tornou lugar comum e reduzindo o sentido de todas as cenas violadoras de direitos que vivenciava na concepção que credita grande parte dos desafios da educação à má formação e ao despreparo do professor" (p. 27).

Para alguns autores (NÓVOA, 1999; SOUZA, 2004) este processo de culpabilização é reforçado pela ideia de que os professores teriam que assumir um lugar de centralidade, difundindo a ideia de que o desempenho escolar seria de responsabilidade dos docentes, desresponsabilizando o

---

[59] Virtualidade no sentido empregado por Foucault (2008e) em que o controle é empregado não apenas no presente das situações, mas também em situações futuras, que ainda não se apresentaram, mas que possam vir a acontecer.

Estado de suas investidas contra à educação e individualizando questões macronômicas da educação em apenas um profissional. A descontinuidade das propostas pedagógicas e a precariedade do ambiente escolar parecem desaparecer quando responsabilizamos sujeitos por questões que envolvem toda uma complexidade de arranjos que não podem ser desconsiderados.

Souza (2014) comenta que uma das possíveis respostas de surgimento deste processo seria encontrada no estabelecimento do projeto liberal/capitalista que se fortaleceu a partir da difusão da noção de indivíduo portador de uma identidade particular e separada do social e que veio reforçar a ideia de que "as pessoas podem, apenas com a chamada 'força da vontade', resolver todas as suas dificuldades e conseguir uma vida melhor para si e para os seus" (p. 130). Essa estratégia vem sendo amplamente difundida no campo da educação e produzindo efeitos nos profissionais docentes.

Este conjunto de vigilâncias cotidianas é lançado como parâmetro de normas capilares, então professores compartilham formas de prevenir situações escolares que podem ser alvos de processos ou de queixas de alunos contra a escola e contra os próprios profissionais. Atualmente já existem inúmeras páginas do Facebook, tais como: Professores Sofredores, Professores Unidos, Professores na luta... que têm inúmeros fóruns e comentários acerca de legislações ou divulgam prescrições que recomendam ações e maneiras de evitar qualquer exposição, e, caso esta já tenha ocorrido, modos de buscar uma defesa. Ao visitar estas páginas, tornam-se ainda mais visíveis o verdadeiro litígio entre os profissionais da educação e seus alunos e famílias.

Também podemos citar a página criada por professores e alunos no intuito de se organizarem contra as investidas do programa Escola sem Partido. Nestas páginas virtuais o coletivo busca construir e ofertar um suporte aos profissionais que foram processados ou recriminados e ainda coletiviza informações e referências técnicas sobre estas iniciativas obscuras no ambiente escolar. Também acredito que páginas e grupos em redes sociais podem oferecer uma espécie de encontro de professores e espaço para a discussão que foi proibido no espaço escolar[60] (FELICIO; MELO, 2019a).

---

[60] Na Secretaria Municipal de Educação circula uma "norma" em muitos discursos, que cerceia a organização de atividades com professores. Nós, psicólogos deste campo, por percebermos a gravidade das situações enfrentadas pelos profissionais, sempre propomos atividades coletivas visando criar saídas e ofertar algum suporte psicossocial para estes profissionais. Mas infelizmente, principalmente após a gestão do prefeito anterior e asseverando enormemente na gestão do atual, estas iniciativas estão sendo emperradas. *"Não podemos tirar os professores das salas de aula, falta profissional na rede"*, dizem nossos gestores. Como profissionais da saúde mental, perguntamo-nos o quanto este tipo de impedimento é aviltante, produtor de isolamento e desconsidera os processos coletivos e de acolhimento nas escolas enquanto parte efetiva e imprescindível para o trabalho pedagógico.

Há tempos é possível observar o fortalecimento das linhas duras no campo da educação, destacando os componentes judicializantes destas (FELICIO, 2014; FELICIO; MELO, 2019a; MARAFON, 2013). Mas, conforme já dito na anteriormente, estes efeitos massificantes têm sido reforçados e amplamente difundido também no âmbito escolar.

Cada dia mais delimitações e controles são gerados visando controlar a prática docente, mais dispositivos de segurança são engendrados, mais leis, mais fiscalização, mais desconfiança, incitação de filmagem e questionamentos do que seria a função dos professores em sala de aula: escola tem se tornado palco das mais diversas investidas de controle e vigilância.

Diante da enxurrada de leis e regulamentos que cada vez mais limitam, prescrevem e reprimem práticas no ambiente escolar, o professor se produz numa existência extremamente controlada, passível de represálias e punições oriundas de processos, numa repetição mecânica do que a lei admite fazer, retirando possibilidades de invenção no contexto escolar, afinal: "[t]udo o que é do domínio da surpresa e da angústia, mas também do desejo, da vontade de amar e de criar deve se encaixar de algum jeito nos registros das referências dominantes" (DELEUZE, 1998, p. 43).

Seguindo a investigação sobre a temática deste trabalho, podemos perguntar: quais os modos de ser professor que circulam nos dias atuais? Como estes profissionais são produzidos em meio a tantos pedidos e prescrições judicializantes e normalizadoras? Qual a potência que temos para produzir outros modos de existir e para colocá-los em circulação no ambiente escolar? Quais são os efeitos das vigilâncias cotidianas que estes profissionais estão submetidos? Quais são os processos que foram desencadeados a partir da intensa judicialização da escola?

3.9 Escola sem Partido e controle dos afetos

"Muitas vezes não sabemos que tipo de palavra pode despertar um processo ou uma retaliação, por isso temos que tomar conta de tudo, escrever e relatar o máximo possível."

(Professor de ensino médio em 21 de setembro de 2018).

"Logo depois que fui processada por um pai de um aluno me veio um sentimento de tristeza enorme. Errei em tratar este aluno como amigo."

(Professora de ensino médio e fundamental em 10 de março de 2017).

Neste processo de judicialização das relações escolares, principalmente em tempos sombrios do Escola sem Partido (ESP), que servirá como um analisador[61] do recrudescimento da expansão da judicialização nas escolas, nota-se que o educador também se sente refém da possível emergência de uma situação que pode criar uma denúncia por parte dos pais dos alunos, por parte da própria instituição escolar (direção ou equipamentos de gerência das unidades escolares).

Cotidianamente os professores agem em autopoliciamento ou autocontrole como se pudessem deter ou reprimir situações que podem ser desdobradas em uma situação judicializantes. Este "monitoramento onipresente" integra a relação do professor com seus alunos, e muitas condutas espontâneas se perdem. Afinal, como podemos ser livres nas relações que estão sobre processos de vigilância tão severos, podendo ser monitorados por celulares ou divulgações nas diversas redes sociais. Nota-se, com cada vez mais frequência, protesto de pais questionando o que é identificado como uma conduta que, segundo eles, não seria adequada ao espaço escolar. Em grupos constituídos por professores presenciei algumas falas:

> *O professor tem que pensar direitinho no que deve falar, já que agora tudo é motivo para mudar de escola.* (Professor de ensino fundamental em 15 de abril de 2018).

> *Antigamente os pais que não gostavam de alguma coisa que acontecia na sala de aula iam até a escola e conversavam conosco. Até tinham outros que se queixavam na direção, eu lembro que não achava isso justo. Agora eles simplesmente gravam um vídeo e publicam nas redes sociais, dizendo que o professor é um doutrinador, temos que ter respaldo dos conteúdos e também dos colegas.* (Professor de ensino fundamental em 15 de fevereiro de 2019).

> *Nesta greve da educação as escolas enfrentaram uma verdadeira guerra. Tinham os pais que apoiavam a greve e outros que acharam absurda a paralisação. Ficamos na berlinda de novo. Parece que as pessoas não entendem que falamos pela educação e que o nosso dia a dia está afetado pelos cortes.* (Professora de ensino médio em 5 de junho de 2019).

> *A escola tem que se respaldar principalmente nestes casos difíceis em que a justiça quer nos cobrar.* (Professor de ensino fundamental em 15 de abril de 2019).

---

[61] O analisador (LOURAU, 1993) programa Escola sem Partido foi melhor apresentado no Capítulo 2: "O programa Escola sem Partido como um analisador da judicialização e criminalização das subjetividades docentes".

> *A escola que não se respalda não tem como encarar um processo administrativo.* (Professor de ensino fundamental em 15 de abril de 2018).

A palavra *respaldo*, como já citado anteriormente, tem sido relacionada à produção de relatórios, materiais escritos, livros de ata, ou qualquer documentação escrita, que narre acontecimentos e situações que seriam componentes de um conflito, ou mesmo as que podem "vir a ser" entendidas desta maneira, funcionando em uma espécie de virtualidade. Em outros trabalhos esta situação judicializante já foi mencionada (FELICIO, 2016), mas diante do acirramento do ultraconservadorismo[62] esta prática amedrontadora ganha mais força e intensifica-se nas escolas.

Como consequência da capilarização desta lógica de vigilância, constante monitoramento do cotidiano e cerceamento das possibilidades inventivas do professor, ocorre a secundarização das questões pedagógicas e possivelmente um dos mais destacados componentes dos adoecimentos docentes. Dos professores entrevistados nesta obra e que pontuaram adoecimentos dentro do espectro psíquico, todos tinham passado por situações mencionadas como assédio moral, perseguição ideológica, denúncias resultantes de alguma intervenção no cotidiano escolar.

Esta questão, já apontada anteriormente também reapareceu fortemente nos grupos de professores que presenciei. Foram inúmeras as falas que mencionavam a necessidade do "respaldo", agora ainda mais preocupadas com a disseminação das preocupações com doutrinação ou perseguição à prática docente:

> *O professor não deve mencionar em quem irá votar, o outro lado é muito violento e odeia a educação.* (Professor de ensino médio em 15 de abril de 2018).

> *Temos que dar mais atenção aos conteúdos que estão descritos nos cadernos pedagógicos, senão podem nos acusar de incitar pensamento crítico.* (Professora de ensino fundamental em 15 de abril de 2018).

> *Tem muita gente que faz coisa errada, mas a escola tem que se preparar porque sempre sobra pra gente, o professor é um alvo fácil.* (Professor de ensino fundamental em 7 de junho de 2018).

---

[62] Este processo será melhor descrito no capítulo 3: "Educação à brasileira: manejos antigos e contemporâneos da educação".

> *[...] não concordo que o professor não possa expressar o seu pensamento em relação a algum político ou partido. Se você vai ao médico ele pode falar, o engenheiro também. Fico espantada com a perseguição ao professor. (Professor de ensino fundamental em 7 de junho de 2018).*

Estas falas repercutem ideias de que os professores estão sempre suscetíveis a denúncias e responsabilizações de esfera jurídica e moral. Esta produção acaba por gerar um desconforto e sério temor por parte dos professores e da comunidade escolar de sofrer retaliações, produzindo novos modos de se relacionar nas salas de aula, com profundas consequências no cotidiano destas relações:

> *Hoje em dia eu dou reunião para os pais preocupada se não tem alguém filmando. Hoje em dia a gente se preocupa mais com os pais do que com os alunos! Parece que estamos sempre quase caindo em alguma cilada.* (Professor de ensino fundamental em 5 de junho de 2019).

> *O professor em sala de aula deve seguir as normas da legislação, não pode mais ser o professor de antigamente, que agia a partir de sua experiência.* (Professor de ensino fundamental em 10 de abril de 2017).

> *Às vezes você quer ser bacana com o aluno, mas tem que tomar cuidado com quem é a família dele.* (Professora de ensino médio e fundamental em 10 de abril de 2017).

O professor encontra-se fortemente regulado por um conjunto de vigilâncias que pretendem controlar suas condutas, e todo o seu singular modo de gerenciar o cotidiano em sala de aula resumem-se artificialmente em uma condução cerceada pela legislação e refém de uma possível de denúncia. Estas imposições acabam despotencializando a ação do educador, resultado de um conjunto das suas particularidades construídas na sua experiência profissional, reduzindo as possibilidades de experimentações, desautorizando e anulando a autonomia do professor em sua sala de aula (FELICIO; MELO, 2019a).

A já descrita necessidade de respaldo e descrédito na ação cotidiana deste profissional (FELICIO, 2014) recrudesce ainda mais na atualidade, e o temor da incerteza/risco/imprevisibilidade fica ainda mais nítido. É muito comum observarmos nas escolas a necessidade que a direção da unidade escolar e o professor têm de um parecer ou laudo de outro profissional com outra técnica, especialmente fora da educação, que configure uma garantia virtual que o proteja desta constante possibilidade de judicialização. Assim, este profissional pode estar sempre suscetível a alguma crítica/denúncia.

Com medo de ser notificado/citado/denunciado/punido, o professor se fecha, tenta controlar a todo o tempo seus comportamentos e prescrever para si mesmo um repertório de condutas que abrem poucos espaços para experimentações frente às imprevisibilidades, sempre presentes no ambiente escolar: "com receio de ser eventualmente processado ou responder a algum tipo de sindicância administrativa, o professor coloca-se virtualmente com o chamado 'um passo à frente'" (FELICIO, 2014). Isso significa a preocupação de produzir provas materiais que possam ser pontos que contribuam para a possível necessidade de "defesa".

> *Atualmente eu coloco toda a matéria dada no plano de aula e entrego para a coordenação para que não haja dúvidas do que estou fazendo na sala de aula.* (Professor de ensino fundamental em 7 de junho de 2018).

> *Daqui a pouco a direção da escola vai querer que a minha aula seja dada com a porta aberta, está sempre desconfiando, outro dia reclamou porque tinham vários alunos de cabeça baixa durante a aula.* (Professora de ensino médio fundamental em 7 de junho de 2018).

> *Temos que nos preocupar o tempo todo se algo que dizemos não pode ser interpretado como doutrinação?! Todos os professores de história que conheço estão apavorados.* (Professor de ensino fundamental em 7 de junho de 2018).

Colocam-se em segundo lugar o trabalho pedagógico, as relações interpessoais entre a equipe docente, as singularizações e se cria a obrigação onipresente de confecção contínua dos registros e provas de que nada errado foi dito ou escrito. Ficamos em um plano que privilegia a "reunião de provas", montagem de "eventual defesa", ou seja, uma virtualidade que enfoca sempre o risco do professor ser processado e/ou denunciado, seja por doutrinação de alunos ou por sua incompetência em lidar com as situações escolares.

Enfraquece-se a potência das relações que estão acontecendo no exato momento, pois a preocupação é o que pode vir a acontecer e como prevenir-se desta suposta ameaça. Então, em vez de se mobilizar em resolver o problema real que está acontecendo, a escola esforça-se para reunir evidências e conteúdos que possam servir como provas e defesas em uma futura acusação. Assim, o professor pode tornar-se um componente do "inquérito[63]" na figura de acusado ou pode assumir a posição de "testemunha" no caso de acusação de algum colega.

Quando as situações criminosas não podem sofrer alguma intervenção no momento em que estão ocorrendo, o que seria o flagrante surge como uma forma de atualizá-las na construção ou desenvolvimento de narrativas, então: "o inquérito é precisamente uma forma política, uma forma de gestão, de exercício do poder que, por meio da instituição judiciária, [...] veio a ser uma forma de autentificar a verdade" (FELICIO, 2014, p. 78).

No procedimento do inquérito, "tratava-se de reatualizar um aconteci-mento passado através de testemunhos apresentados por pessoas que, [...] por sua sabedoria ou pelo fato de terem presenciado o acontecimento – eram tidas como capazes de saber" (FELICIO, 2014, pg.88) o que teria acontecido, sendo componentes fundamentais para o julgamento das condutas. Sendo o inquérito uma modalidade de investigação e importante fundadora das práticas jurídicas atuais, questiono o seu papel na escola, em reuniões de pais e ocupando tantos discursos e inculcações para seus profissionais e nos relacionamentos nas escolas.

Talvez a necessidade de "respaldo" e o consequente temor de retaliações jurídicas seja mais um analisador de como as práticas escolares se encontram extremamente judicializadas e amedrontadas. Esta situação, segundo esta análise, afeta diretamente a forma como as relações afetivas acontecem nos encontros de professores e alunos e principalmente a saúde dos profissionais que vivenciam este cotidiano de desconfiança. Afinal, como podemos nos relacionar quando estamos cotidianamente com medo?

A confecção destes registros, os chamados "livros-ata", obedecem ao princípio do exame arquivístico ou documentário (FOUCAULT, 2008e), tendo alguns alunos até pastas pessoais, "fazendo também a individualidade entrar num campo de documentário" (p. 157). A partir destas produções de provas, o professor se vê mais seguro diante de sua atuação e materializa evidências que podem inocentá-lo de alguma eventual acusação.

Os alunos que apresentam os chamados "problemas psicossociais" são os protagonistas mais constantes destes relatos. Também noto que a fabricação destes materiais também é impulsionada por alguma dificuldade

---

[63] Estes elementos podem ser vinculados ao procedimento do inquérito, que foram descritos por Foucault (2009) como uma "forma de pesquisa da verdade no interior da ordem jurídica" (p. 12). Estes procedimentos aparecem pela primeira vez na Grécia, ressurgindo nos séculos XII e XIII, demonstrando como o inquérito surgiu para ser o substituto do flagrante delito (p. 72).

de relacionamento das escolas com as famílias. Devido à constante inclusão nos registros, as relações tornam-se um objeto descritível, "o exame coloca os indivíduos num campo de vigilância, situa-os igualmente numa rede de anotações escritas; compromete-os em toda uma quantidade de documentos que os captam e os fixam" (FOUCAULT, 2008e, p. 157). É cada vez mais comum as escolas receberem os pais com professores devidamente já distribuídos em seus papéis: *"eu conduzo a reunião e você anota tudo que foi dito. Depois passamos para eles assinarem".*

É interessante pontuar que nesta verdadeira enxurrada de leis, são produzidas também as subjetividades docentes. Conforme descrito anteriormente, através da análise das mais diversas intervenções judiciárias e criminalizantes na prática de ensinar, os professores são cada vez mais afetados por este tipo de intervenção, tendo esta preocupação com a produção de registros de defesa e provas que possam absolvê-los de algum processo como uma das maiores preocupações contemporâneas das escolas.

Neste ponto, destaco as análises de Foucault (2009) no surgimento de categorias de exame, como técnica de formação de categorias profissionais para se tornarem mais aptas e detentoras de saberes especializados para recolher a verdade. Em vez da escola manter, em seu diferencial, os espaços pedagógicos de coletivização, de decisões, produção de conhecimento e circulação de ideias, ela se refina como instituição de controle, submete-se e incorpora outras regulamentações que interferem diretamente em seu cotidiano.

É muito comum ouvir queixas de professores que lamentam esta vasta incorporação e imensa entrada de normativas e recomendações e regulamentações que não fazem parte do repertório pedagógico. É importante mencionar que já havia alertas sobre os efeitos que estas relações que pedem mais punição e que conferem este poder ao judiciário poderia produzir nas escolas. Sobre isso destaco:

> O que vemos difundir-se no interior das escolas é que, ao tentar corresponder ao intuito de aumento da punibilidade, o professor, além de abrir mão da sua autonomia e experiência profissional, coloca-se ele próprio passível de sofrer a punição que ele mesmo prega se disser ou aplicar alguma ação "politicamente incorreta". Assim, todos os envolvidos podem ser virtualmente transgressores, e assim nos tornamos todos suspeitos. (FELICIO, 2016 p. 78).

Estes movimentos judicializantes e punitivos estão muito difundidos no cotidiano das escolas, produzindo inúmeros efeitos, um dos mais nítidos é que a prática docente vem progressivamente diminuído sua autonomia escolar. Notamos que, na atualidade os professores estão a cada dia mais criminalizados e reféns do seu cotidiano. Este movimento tem produzido insatisfação e adoecimento nas escolas.

Figura 6 – Judicialização e escola

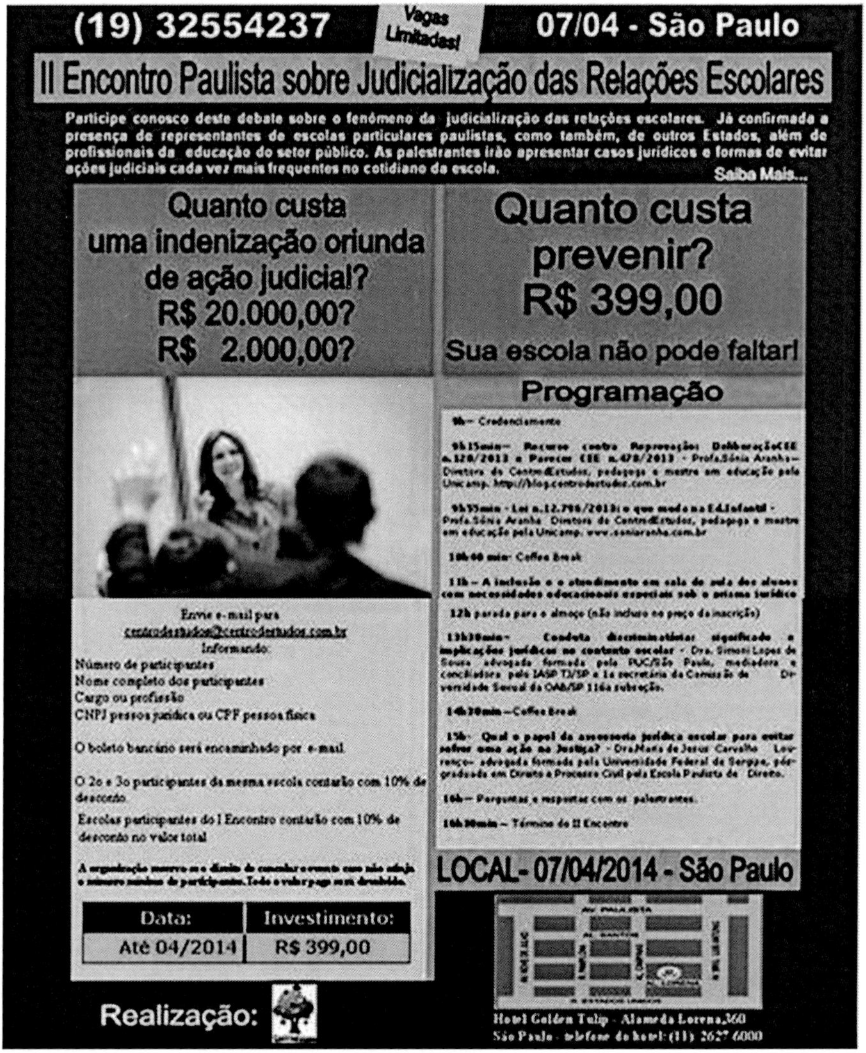

Fonte: Divulgação de um curso sobre leis para educadores.

Figura 7– Volta Ditadura! (LATUFF, 2016)

4

EDUCAÇÃO À BRASILEIRA: MANEJOS ANTIGOS E CONTEMPORÂNEOS DA EDUCAÇÃO

É imprescindível considerar que este atual processo que desqualifica as escolas e professores é um efeito de muitas tramas que foram sendo constituídas, restituídas e que vão sucateando a educação. O quadro atual da educação pública brasileira é um dos piores cenários já encontrados, em que os baixíssimos índices de qualidade são acompanhados por descrédito cada vez maior da escola enquanto instituição produtora de qualquer efeito que possa ser qualificado como interessante.

No ano de 2017, a Unesco publicou uma pesquisa desenvolvida pelo The Education for All (EFA), a Global Monitoring Report (2017), que tinha como objetivo mensurar o desempenho na educação em 127 países. A educação brasileira ocupou a 88ª posição, atrás de outros países, inclusive da América Latina, tais como Chile e Argentina. No final do ano passado (2018), a ONU divulgou uma pesquisa realizada pelo Programa das Nações Unidas para o Desenvolvimento (2018) que enumerava os países que tiveram maior desenvolvimento em termos de IDH (Índice de Desenvolvimento Humano), este índice também tem como indicadores mais importantes a educação, saúde e renda. Nesta pesquisa o Brasil aparece 79ª posição, caindo 17 posições em comparação aos anos anteriores em que foi realizada a mesma pesquisa.

No final de 2018, a organização inglesa Varkey Foundation (2018) divulgou uma pesquisa realizada em 35 países sobre a "percepção social dos profissionais docentes". A pesquisa utilizou um modelo survey[64] e entrevistou no Brasil cerca de mil pessoas em diferentes regiões. No questionário foram colocadas perguntas que arguiam os participantes sobre a atividade docente: como os entrevistados viam os professores e qual a percepção considerando status e respeito que eles tinham do exercício da atividade. No comparativo com os outros países, tais como Japão, Chile, França, entre

---

[64] Pesquisa realizada por critérios de amostragem.

outros, o profissional brasileiro aparece em último lugar, atrás de países africanos como Gana e Uganda.

Nota-se que há tempos a educação brasileira está sendo ameaçada, sucateada e aviltada. Lobo (2018) afirma que a situação de precarização da escola brasileira, em especial da escola pública, é crônica e "se repete com algumas modulações indefinidamente". Certamente esta situação não é nova ou mesmo inovadora. Para produzir índices tão baixos e violências tão escancaradas, o projeto de precarização da educação brasileira não é particularidade das atuais iniciativas judicializantes e moralistas. Como disse o saudoso Darcy Ribeiro, "a crise da Educação no Brasil não é uma crise; é um projeto". Esta iniciativa é, claramente, um dos projetos palpáveis desta nova ascensão do governo de ultradireita, mas decerto mantém muitas relações e influências de movimentos similares anteriores.

A prática de verdadeiro ataque à educação também foi notória durante o período da ditadura brasileira (1964-1985). Os anos de chumbo trouxeram mazelas terríveis também neste campo. Por conta da similaridade de ações e objetivos de controle e repressão durante este período, optei por analisar alguns processos que aconteceram no regime ditatorial traçando possíveis efeitos e relacionando-os com os fenômenos de judicialização, controle, intromissão, entre outros já apontados, que emergem na atualidade.

É importante salientar que este movimento de retorno a ideias de extrema direita iniciou nos países europeus, influenciado por inúmeros fatores, não cabendo aqui os inventariar. Para Cruz, Kaysel e Codas (2015), a ascensão desta nova direita se deve à "crise do Estado de Bem-Estar, a maré montante do desemprego, a xenofobia despertada pelo aumento da população imigrante" (p. 8). Os autores também mencionam que este movimento também reacende em outros países da América Latina e "como na Europa, a reemergência da direita assumida se dá depois de longo processo de adaptação (adaptação à democracia), e num contexto de dificuldades econômicas que lhe abre um novo campo de oportunidades" (p. 9).

Embora esta "nova direita" brasileira se projete utilizando novas ferramentas tecnológicas, tais como a divulgação de pautas via WhatsApp e Instagram e estratégias de combate aos oponentes por meio de plataformas virtuais como o Twitter e Facebook, o movimento que começou ruidosamente, com o soar das panelas no conforto das varandas na forma de panelaços, com ataques virtuais e reais a artistas e intelectuais (SANTOS, 2015) tem uma importante relação com outros que já vigoraram nos tempos da ditadura militar e atingiram notórios espaços de poder.

Interessante pontuar que a conotação de "direita" estava enfraquecida desde a ditadura militar (KAYSEL, 2015), ligada anteriormente a ideias pejorativas e a própria experiência da ditadura. Os autores também apontam que ideias referentes ao retorno deste apoio já estavam dispostas de maneira dispare em nossa sociedade. Para visibilizar este ensejo, segue a passagem de Reis, que pretende captar o sentimento que unia as forças conservadoras do imediato pré-1964 e que tem profunda ligação com os argumentos mencionados por integrantes da atual "nova direita":

> O que reunia todas estas diferenças, para além da defesa da lei, da ordem e dos bons costumes? Tinham todos uma profunda aversão ao protagonismo crescente das classes trabalhadoras na história republicana brasileira depois de 1945. Não se tratava, muitas vezes, de algo racional. No mais das vezes, era uma reação instintiva, uma coisa epidérmica, uma náusea, um desgosto ver aquelas gentes simplórias, subalternas, ascender a posições de influência e mando. Vindas não se sabia de onde, como que emergindo dos bueiros, estavam agora nos palácios, nas solenidades. Pessoas bregas, cafonas, não se vestiam direito, nem sabiam falar, como poderiam ser autorizadas a fazer política e a frequentar os palácios? Era urgente fazê-las voltar ao lugar de onde nunca deveriam ter saído: o andar de baixo. (REIS, 2001, p. 344 *apud* KAYSEL, 2015 p. 71).

Embora a organização de poderes da "nova direita" seja profundamente complexa e abarque pessoas dos mais complexos referenciais políticos e com as mais diferentes pautas, tais como os identificados com os partidos evangélicos, os impulsionados por um desejo de aumento da punitividade e vingança, ou ansiosos por reformas liberais no campo econômico ou até mesmo indignados com o "governo de esquerda[65] do PT", o fato é que esta complexa massa organizou-se em torno dos partidos ultraliberais com inspiração neofascista na sociedade brasileira (KAYSEL, 2015).

Remontando alguns elementos molares da época da instauração da ditadura militar no Brasil, que se deu em um mundo partido em uma lógica binária, entre comunistas liderados pela União Soviética e capitalistas apoiados pelos Estados Unidos, é notória a influência e capilaridade de uma série de circunstâncias, que, fomentadas pelos movimentos internacionais de combate

---

[65] Bobbio (1995) de maneira precisa comenta: "são de esquerda as pessoas que se interessam pela eliminação das desigualdades sociais. A direita insiste na convicção de que as desigualdades são naturais e, enquanto tal, não são elimináveis" (p. 21).

às chamadas "ideias comunistas", incitaram o controle militar exercido por regimes de força na maioria dos países da América do Sul, embora com suas particularidades.

Segundo Abreu e Inácio Filho (2006), o Estado militar fortaleceu as relações com investidores estrangeiros, com os Estados Unidos e com agências econômicas internacionais: Fundo Monetário Internacional (FMI), Banco Mundial e Banco Interamericano de Desenvolvimento. Em um discurso em julho de 1964, Castelo Branco anunciou que o crescimento viria da "restauração dos ingressos de capital estrangeiro e do retorno a entendimentos sérios com as organizações financeiras internacionais" (SKIDMORE, 1988, p. 83 *apud* ABREU; INÁCIO FILHO, 2006, p. 128).

No Brasil a recusa e verdadeiro horror das elites e dos interesses internacionais à chamada "ameaça comunista" localizou no presidente João Goulart (Jango) um risco ao capitalismo brasileiro, acusado pela oposição de ter "tendências socialistas". Assim os militares, com o apoio da classe-média junto a forte apoio financeiro do empresariado e dos Estados Unidos, instituíram uma ditadura militar que tinha como objetivo declarado deter a ameaça comunista, restaurar e fomentar o crescimento econômico que estava em forte crise e combater a inflação.

Para a política militar, vivíamos no Brasil uma chamada "guerra interna" que deveria ser assumida por todos os cidadãos brasileiros, que deveriam denunciar e colocar-se contra qualquer iniciativa que questionasse o regime de força. Segundo a chamada Escola Superior de Guerra, ou ESG, esta guerra acontecia e era pauta para a organização do currículo da citada instituição:

> Segundo essa teoria (guerra interna), a principal ameaça vinha não da invasão externa, mas dos sindicatos trabalhistas de esquerda, dos intelectuais, das organizações de trabalhadores rurais, do clero e dos estudantes e professores universitários. Todas essas categorias representavam séria ameaça para o país e por isso teriam que ser todas elas neutralizadas ou extirpadas através de ações decisivas (SKIDMORE, 1988, p. 22 *apud* ABREU; INÁCIO FILHO, 2006, p. 128).

Interessante observarmos que, mesmo após tantos anos e com a inegável aderência do capitalismo neoliberal no Brasil, este argumento de "combate ideológico" à chamada "ameaça vermelha" é recorrente na atualidade brasileira. A ultradireita ainda parece muito preocupada com a ascensão de ideias "de esquerda". São absolutamente comuns os pronunciamentos governamentais que declaradamente assumem estar revivendo ou vivendo esta chamada guerra ideológica (KAYSEL, 2015). Destacando seu discurso inaugural de posse, o presidente Bolsonaro mencionou que libertaria nosso país de "amarras ideológicas", "submissão ideológica", "ideologia de gênero" e ainda salientou que conduziria a economia sem o "viés ideológico". Essa preocupação também protagonizou muitas discussões dos ministros da Educação atuais, sendo uma das propostas mais claras deste governo o chamado "combate ao viés ideológico nas escolas" encarnado nos projetos relacionados ao programa Escola sem Partido[66].

Embora a ditadura militar brasileira tenha sido profundamente autoritária e violenta e que constantemente princípios democráticos e de defesa aos Direitos Humanos fossem violados durante este período, alguns autores observam que o regime evitou assumir expressamente sua feição autoritária. Seguem as observações de Fausto:

> Embora o poder real se deslocasse para outras esferas e os princípios básicos da democracia fossem violados, o regime quase nunca assumiu expressamente sua feição autoritária. Exceto por pequenos períodos de tempo, o Congresso continuou funcionando e as normas que atingiam os direitos dos cidadãos foram apresentadas como temporárias. (FAUSTO, 2012, p. 257).

Na atualidade brasileira também notamos uma incessante justificativa, que ora desaparece ora se faz necessária. Ela modela os argumentos que são colocados pelos partidos da "nova direita" e pelo discurso da mídia hegemônica. Estes insistem em colocar que o Brasil está com sua democracia funcionado em pleno vapor, embora que, assim como nos anos da ditadura, este argumento possa ser facilmente questionado. A Fundação Bertelsmann (2018) fez um estudo que analisou a qualidade da democracia, a economia de mercado e a governança em 129 países desenvolvidos e em desenvolvimento. Na pesquisa constataram que o Brasil é um dos exemplos de perda da qualidade da democracia comentando que o "processo de impeachment (2016) foi altamente controverso" e ainda "[n]ão há dúvida de que muitos políticos do PT eram corruptos. No entanto, os políticos de quase todos os outros partidos também estavam envolvidos na corrupção", diz o texto. De

---

[66] No próximo capítulo deste trabalho, detalharei as propostas deste programa na atualidade.

acordo com os pesquisadores o Brasil é um dos países com menor apoio à democracia na América Latina. Também como exemplo desta progressiva aproximação brasileira dos regimes autoritários, podemos citar a posição do atual governo federal, que divulgou um vídeo que comemora o golpe militar (BOLDRINI, 2019) literalmente agradecendo aos militares pelo golpe.

Como já mencionado anteriormente, a educação sempre foi um alvo do regime ditatorial brasileiro, e um dos principais motores foi a modificação do currículo para o controle das práticas críticas. Com o surgimento da escolarização em massa, foi necessário a criação de certo controle e o estabelecimento de alguns padrões do que seria ensinado nas escolas, tanto particulares quanto públicas, assim surge o currículo escolar.

Veiga Neto ressalta:

> O currículo escolar é uma construção social do conhecimento, pressupondo a sistematização dos meios para que esta construção se efetive; a transmissão dos conhecimentos historicamente produzidos e as formas de assimilá-los, portanto, produção, transmissão e assimilação são processos que compõem uma metodologia de construção coletiva do conhecimento escolar, ou seja, o currículo propriamente dito. (VEIGA NETO, 2002, p. 7).

Então, podemos compreender que a modificação dos currículos para difundir ideias ditatoriais foi uma das maiores investidas da ditadura militar, entendendo o currículo como um importante analisador (LOURAU, 1993) "das questões de poder, tanto nas relações professor/aluno e administrador/ professor, quanto em todas as relações que permeiam o cotidiano da escola e fora dela, ou seja, envolve relações de classes sociais [...] não se restringindo a uma questão de conteúdos" (HORNBURG, 2007, p. 1). Como um marco significativo deste processo, destaco a inclusão da disciplina de Filosofia pela Educação Moral e Cívica (EMC).

Para Abreu e Inácio Filho (2006), a disciplina EMC teve uma grande influência de uma espécie de ideia patriótica que visava "enquadrar o comportamento das pessoas dentro de um padrão social, que estava sendo construído pelo Estado" (p. 125). Os autores afirmam que a EMC foi pensada primeiramente em ser uma lei, posteriormente tornando-se uma disciplina escolar. Ela seria uma forma de capilarizar a vigilância e assegurar a soberania nacional entendendo que o "inimigo" era todo aquele brasileiro que se atrevesse a questionar a filosofia político-social do País. Seguem os extratos do primeiro grupo de trabalho que idealizou a ECM:

A PRODUÇÃO DE SUBJETIVIDADE DOCENTE E O ADOECIMENTO DE PROFESSORES

> A formação básica proposta inspira-se na filosofia político-social do País. O Brasil insere-se no mundo democrático e, tendo em vista o princípio da unidade nacional e os ideais de liberdade e solidariedade humana, dispõe-se a oferecer à sua população [...] uma educação fundamental [...] em face da Constituição "Toda pessoa, natural ou jurídica, é responsável pela segurança nacional, nos limites definidos em lei (art. 86)". Tal responsabilidade pressupõe uma base de formação moral e de educação para a cidadania, condições vivificantes da democracia. (BRASIL, 1971 *apud* ABREU; INÁCIO FILHO, 2006, p. 217).

A disciplina EMC tinha como foco a "nação, a pátria, a integração nacional, a tradição, a lei, o trabalho, os heróis: esses conceitos passaram a ser o centro dos programas da disciplina" (ABREU; INÁCIO FILHO, 2006, p. 128). Ela também tinha o dever de "marcar o trabalho de todas as outras áreas específicas e das atividades extraclasse com a participação dos professores e das famílias imbuídas dos mesmos ideais e responsabilidades cívicas (ABREU; INÁCIO FILHO, 2006, p. 129).

Os professores da disciplina foram uma espécie de predecessores destas vigilâncias exercidas sobre as atividades docente. A professora Selva Fonseca (1993) destaca a importância da condução e alinhamento com as citadas "responsabilidades civis" do professor de EMC:

> Para a realização de um projeto educacional, **um dos elementos mais importantes do processo é o professor**. Este supostamente domina o saber, e a educação realiza-se através do seu trabalho no nível do planejamento e execução do processo de ensino, sendo investido de autoridade institucional. Evidentemente, **os princípios de segurança nacional e desenvolvimento econômico norteadores da nova política educacional chocam-se com o princípio de autonomia do professor** e o Estado passa a investir deliberadamente no processo de desqualificação dos profissionais da educação. (FONSECA, 1993, p. 25).

Dado a necessidade de controle da prática docente é fácil analogizar esta preocupação da ditadura com a atual vigilância que o professor vivencia em seu cotidiano. Anteriormente foram analisados alguns processos e controles que o professor atual vivencia a partir do estudo do analisador[67] programa Escola sem Partido.

---

[67] O analisador Escola sem Partido será mais bem apresentado no capítulo 4: "O programa escola sem partido como um analisador da judicialização e criminalização de subjetividades docentes".

No contexto educacional brasileiro atual, a perspectiva apontada pela disciplina EMC toma força, e retornam projetos educacionais para trazê-la novamente ao currículo escolar, tal como aconteceu na cidade de Mogi das Cruzes, no interior de São Paulo (MATUOKA, 2017). Seguindo o lastro da ascensão conservadora que se arvora nos processos judicializantes, em junho de 2017 o vereador José Antônio Cuco Pereira, também pastor evangélico, propõe a Lei Municipal nº 73/2017, que reatualiza a inclusão da matéria nos currículos escolares na 5ª série, 8º e 9º ano. Segundo o proponente:

> A ênfase será nos direitos e deveres dos cidadãos tendo como premissa o respeito ao próximo, a cidadania e o resgate a família. [...] presenciamos a inversão de valores em nossa sociedade. Diariamente são filhos maltratando e até matando os pais [...]. Desde cedo a criança sendo bem orientada será um adulto mais consciente e tende a se afastar, inclusive das drogas [...]. (MATUOKA, 2017, p. 1)

O projeto foi motivo de inúmeros debates na Câmara, nas redes sociais, nas organizações ligadas à educação, entre outras. Após ser considerado como inconstitucional pelos críticos, foi enviado para posicionamento da procuradoria jurídica. Apesar do movimento, o projeto foi aprovado pelo procurador jurídico da Câmara e pela Comissão de Justiça e Redação e lançado para votação, tendo sua publicação em outubro do mesmo ano. Presenciamos a reatualização da EMC em caráter extracurricular "fomentando assim a melhor formação dos estudantes no aprimoramento à cidadania e aos valores morais e sociais" (MATUOKA, 2017).

Outra aparição da EMC aconteceu recentemente em fevereiro do 2019, por meio das declarações do ministro da educação Ricardo Vélez Rodríguez. Ele defendeu a volta da disciplina ao currículo do ensino fundamental brasileiro, como uma forma de mostrar ao adolescente que viaja para o exterior

> [...] que há contextos sociais diferentes e que as leis de outros países devem ser respeitadas afirmando sua intenção de: "dar muita ênfase a isso, à retomada desse processo de ensino de valores fundamentais, fundantes da nossa vida cidadã. Tanto no ensino infantil quanto no ensino fundamental (JORNAL NACIONAL, 2019).

Também foi criado o curso de Estudos Sociais, que tinha a pretensão de agrupar as disciplinas de História e Sociologia, efetivando uma mudança de currículo em todos os cursos superiores. Atualmente também assistimos à reatualização destes monitoramentos, incomodados com os cursos de Ciências Humanas. Em maio de 2019, o atual ministro da Educação declarou a proposta de "descentralizar" o investimento nas faculdades de filosofia e sociologia do país, para "focar em áreas que gerem retorno imediato, como: veterinária, engenharia e medicina (PAIXÃO, 2019). O mesmo ministro também foi extremamente criticado por comentar seu ensejo de corte de verbas aos cursos e universidades que promovem a "balbúrdia" (DIMENSTEIN, 2019).

Cabe ressaltar outro importante ataque à política educacional durante a ditadura militar, que se relaciona com a precarização do trabalho docente e do ambiente escolar durante o regime e estendendo suas consequências até os dias de hoje. A necessidade de aumento da produção industrial e do consumo da época produziu o barateamento e celeridade das formações profissionais, aumentando a quantidade de alunos por salas e as horas de trabalho dos professores, constituindo uma espécie de "modernização pela via autoritária". Outra importante transformação trazida pelo período seria a diminuição dos salários que, segundo Ferreira Júnior e Bittar (2006) sofreu um enorme decréscimo, tanto pelo aumento de número de profissionais quanto pela desqualificação da prática.

O chamado "milagre econômico[68]" exigiu uma rápida extensão da mão de obra docente e uma significativa redução de custos com escolas e com seus profissionais. Com isso, a formação de professores sofreu inúmeros transformações que, diante de suas intenções desenvolvimentistas, achataram os cursos de formação de professores para apenas dois anos, criando e proliferando no país as chamadas licenciaturas curtas[69]. Os professores, que antes do arrocho salarial e precária difusão da classe na época da ditadura, eram oriundos de classes abastadas, passaram a formar um grupo heterogêneo, mas predominantemente constituído por uma classe trabalhadora, perdendo o antigo reconhecimento intelectual no desenvolvimento de suas funções laborais

---

[68] Termo difundido pelo general-presidente Emílio Garrastazu Médici, quando afirmou que "nestes seis anos de ação inflexível em favor do futuro do Brasil, logramos o milagre de reduzir a inflação quatro ou cinco vezes menos, aumentando simultaneamente o ritmo do nosso crescimento, a ponto de chegarmos à taxa entre 7 e 9%" (MÉDICI, 1970, p. 68 *apud* FERREIRA JÚNIOR; BITTAR, 2006, p. 1163). Também mencionado criticamente anteriormente como "modernização pela via autoritária".

[69] As licenciaturas curtas surgiram no país a partir da Lei n. 5.692/71, em 1971, num contexto em que se passou a exigir uma formação rápida e generalista para atender a uma nova demanda de professores. A implantação deveria se dar prioritariamente nas regiões de maior carência de professores. Porém se proliferaram por todo o país. Foi amplamente rejeitada desde o início de sua instituição, pois muitos afirmavam que lançava no mercado um profissional com formação deficitária em vários sentidos. Definitivamente extintas pela Lei de Diretrizes e Bases da Educação (LDB) de 1996, foram transformadas, paulatinamente, em Licenciaturas Plenas (LICENCIATURA..., 2002).

(FERREIRA JÚNIOR; BITTAR, 2016). Esta situação pode ter contribuído com a desvalorização da atuação que encontramos em nosso cotidiano.

Os militares também, assim como os atuais regimes ultranacionalistas atuais, tinham como um dos objetivos centrais colocar o aparelho escolar a serviço da proliferação e reforço de suas posições. Para Almeida e Bolshetti (2012):

> No mesmo viés de valorização da quantidade em detrimento da qualidade, outras medidas restritivas foram adotadas, sempre na perspectiva de evitar ou mesmo impedir manifestações e reflexões públicas em prol da educação e das suas necessidades, tais como as passeatas estudantis e suas reivindicações, e monitoramento das atividades dentro das escolas e universidades. Era a consolidação de um modelo educacional de aceitação dos determinantes governamentais para manter a sociedade submissa e facilmente controlada. (p. 120).

Para Ferreira Júnior e Bittar (2006), estas proibições e intervenções no campo da educação incentivaram os profissionais professores a aderir reinvindicações que eram pautas comuns da maioria dos profissionais trabalhadores. Estas buscavam melhores salários e melhoria das condições de trabalho. Para estes autores, estas reivindicações teriam fortalecido o desenvolvimento de uma consciência crítica nos profissionais da educação. Segundo eles:

> [...] a categoria profissional dos professores públicos de 1º e 2º graus foi desenvolvendo uma consciência política que a situava no âmago do mundo do trabalho, tal como já estava posta para a classe operária fabril. Em outros termos: incorporou a tradição da luta operária – nos marcos da expressão sindical – e transfigurou-se numa categoria profissional capaz de converter as suas necessidades materiais de vida e de trabalho em propostas econômicas concretas. (p. 1169).

Trazendo esta análise para a atualidade, esta atitude reivindicatória em favor de uma educação de qualidade e das questões relativas ao ensino público em nosso país pode ter suas raízes num processo de resistência, contra a precarização e aviltamento que toda a população escolar sofreu durante os regimes de ditadura militar. Segundo o projeto educacional em vigor, esta posição é considerada como "doutrinação ideológica" e inculca os autores e apoiadores de projetos que também buscam o controle da educação, tal como o movimento já citado Escola sem Partido.

A PRODUÇÃO DE SUBJETIVIDADE DOCENTE E O ADOECIMENTO DE PROFESSORES

Seguindo a ideia de que atualmente as vigilâncias e punições em nossa sociedade de controle se tornam mais sutis do que em outrora na sociedade disciplinar (DELEUZE, 1992), notamos que a violência promovida pela ditadura certamente era muito mais visível, já que era facilmente reconhecida quando casas eram invadidas, pessoas eram presas sem acusação formal, monstruosamente torturadas, mortas e desaparecidas.

Na proposta muito mais polida e "politicamente correta" da judicialização, conforme já dito anteriormente, a ideia é que todos nós teríamos acesso à justiça e que isso, por ser uma base democrática, estaria promovendo ideias de igualdade, justiça e pertencimento a todos, devidamente concatenada com a Constituição Cidadã, de 1988, e suas premissas de liberdade. Mas a proposta de converter todas as situações em uma discussão jurídica é extremamente controladora, mas um pouco mais sofisticada, disfarçando as violências justificadas por elas.

Pensando com Deleuze (1992) nota-se que características arborescentes podem não se transformar completamente, mas continuam existindo numa certa confluência. Em outras palavras, a sociedade disciplinar, não deixou de existir para que pudesse advir a sociedade de controle, elas coexistem. Da mesma maneira que a ditadura, que no Brasil durou mais de duas décadas, deixou rastros que recolhemos nos dias de hoje, inclusive cada vez mais notórios e escancarados, tais como: a censura, monitoramento da atividade docente, precarização das escolas, entre outros ataques à educação.

A ideia de controle, moralidade, repressão do incontrolável e principalmente o medo deixa rastros que também compõem, versam e marcam até os dias de hoje nossa composição subjetiva. Trata-se de dizer que o controle que era notoriamente mais visível nos anos de chumbo torna-se mais sutil e arvora-se em ideias que pretensamente são combatentes que desafiam posturas partidárias, retrógradas e conferem a possibilidade de uma equidade e igualdade ofertadas pelas leis.

4.1 Reatualizações e ditadura docente contemporânea: #SomosTodosFlavinha

No início de 2017, comecei a recolher casos de professores que teriam sofrido punições e retaliações por conta de posturas políticas nas escolas. Estes indicaram outros colegas que também teriam sido perseguidos ou encontravam-se diante de situações de censura. Um caso em especial, ocorrido na 3ª Coordenadoria Municipal de Educação do Rio de Janeiro ficou particularmente notório na rede[70], envolvendo protestos, audiências públicas e mobilizações nas redes sociais.

Entrevistei a professora de classe especial do ensino fundamental que protagonizou esta situação em dois momentos distintos, tendo sido apresentada a ela por uma colega, também professora, que tinha notícia dos temas trabalhados nesta obra.

A professora conta que foi eleita delegada e representante de sua escola para um congresso que ocorreria no Sepe[71], sua eleição teria sido por unanimidade. Ela também relata que, mesmo antes desta eleição, sempre foi uma professora ativa nas reuniões deste coletivo e nas articulações entre os profissionais de sua escola e o sindicato de professores (Sepe). Uma das funções desta representação era mediar observações nas reuniões do sindicato, ela levava até o grupo sínteses das reuniões realizadas periodicamente.

Neste congresso ocorrido em setembro de 2017, a professora participou de uma reunião que discutiria uma proposta de greve na educação pública por conta de inúmeras situações. No intuito de informar a comunidade escolar com a devida celeridade sobre a situação, a professora teria fixado um cartaz com algumas diretrizes sinalizadas na reunião sindical. Este cartaz circulou nas redes sociais (FILHO, Ronaldo, 2017).

---

[70]   Rede Municipal de Ensino do Rio de Janeiro.

[71]   Sepe (Sindicato dos Professores). A professora foi representante no congresso do Sepe que ocorreu em 28, 29 e 30 de setembro de 2017.

Figura 7 – Cartaz produzido pela professora

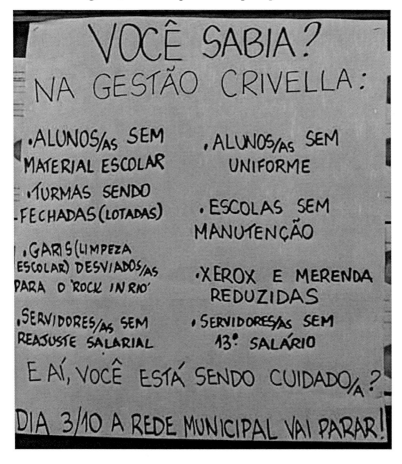

A professora remonta que seu intuito teria sido informar aos pais sobre a greve, assim como convocá-los a participar das reivindicações: *"minha ideia era comunicar aos pais o que estava acontecendo na escola e chamá-los também para reivindicar uma escola melhor para todos nós"* (Diário de campo em 2 de maio de 2019). Ela teria ficado muito preocupada em informar aos pais também sobre a paralização: *"a maioria dos pais precisa colocar as crianças na escola para poder trabalhar, eles têm que ser informados para programarem outras soluções"*. Por conta da urgência da situação, a professora decidiu fazer o cartaz: *"solicitei ao sindicato o material impresso de divulgação da assembleia, mas já tinha acabado"*. Ela não sabe precisar como, mas o secretário de educação do Rio de Janeiro teria tomado conhecimento de seu cartaz, iniciando toda uma situação de *"retaliação e perseguição política"*.

O cartaz teria ficado exposto durante seis dias em um dos murais da escola e que após este tempo a diretora da escola teria recebido uma ligação determinando a retirada. Segundo a docente após esta situação ela foi convocada para uma reunião na Coordenadoria de Educação e afastada sem que houvesse nenhum processo finalizado:

> *No dia que fui nesta reunião com o coordenador da CRE[72], assessoras do gabinete ligadas ao secretário e outras pessoas da SME, eles determinaram que eu retirasse as minhas coisas das escolas e que eu estaria afastada, era como se eu já tivesse saído dali condenada.*

Sobre não ter procurado a assessoria jurídica neste momento, ela diz: *"até este momento eu não sabia que teria que frequentar as reuniões na CRE com advogado. Acreditava que era uma reunião sobre a escola. Depois do que passei só vou a qualquer reunião na presença de um advogado".*

É importante destacar que ela teria sido afastada das duas escolas em que atuava mesmo antes do encerramento ou sentença de qualquer processo administrativo. Trabalhando há cerca de 12 anos em escolas municipais do Rio de Janeiro e sem nenhuma intercorrência parecida com o acontecido, a suspeita significou antes mesmos dos devidos trâmites sua condenação: *"eu nunca vivi nada parecido com essa situação, e no mesmo dia em que o cartaz foi retirado eu fui afastada das minhas escolas. É como se a intervenção do secretário e de suas assessoras fosse já uma sentença que me condenava".*

A situação ficou ainda mais incontornável quando o secretário de educação divulgou o ocorrido através de sua conta no Twitter. Nos comentários do secretário, ele afirma que a professora não trabalhava e tampouco era comprometida com a educação, tecendo comentários ofensivos à servidora, ele menciona que, "[e]la é uma exceção na rede de educação do Rio de Janeiro" (RODRIGUEZ, 2017).

Após este afastamento a professora teria começado a viver em função desta situação:

> *Me preocupava muito se seria demitida e também precisava muito do dinheiro para sustentar minha família, vivia procurando documentos que comprovassem que eu trabalhava, fotos das atividades que realizava nas escolas, tudo era colocado como suspeito.*

---

[72] Coordenadoria Regional de Educação.

A PRODUÇÃO DE SUBJETIVIDADE DOCENTE E O ADOECIMENTO DE PROFESSORES

É importante pontuar que durante este processo todas as condutas da servidora começaram a ser questionadas, e ela teria que encontrar provas para sua atuação profissional mesmo antes de ter colocado o cartaz.

Estas provas que teriam que ser remontadas pela servidora:

> *eu tinha que provar que trabalhava antes do acontecido. O secre-tário fez questão de dizer que eu não trabalhava, que não era boa professora. Eu sou professora de sala de recursos[73]. Não é qualquer professor que trabalha com alunos especiais na rede do Rio de Janeiro". Diário de campo em 2 de maio de 2019.*

Este processo de recolhimento de provas e evidências são componentes do procedimento do inquérito. Este "tratava-se de reatualizar um aconteci-mento passado através de testemunhos apresentados por pessoas que, [...] por sua sabedoria ou pelo fato de terem presenciado o acontecimento – eram tidas como capazes de saber" (FOUCAULT, 2009, p. 88) remontando o que teria acontecido, sendo componentes fundamentais para o julgamento das condutas.

Sendo o inquérito uma modalidade de investigação e importante fun-dadora das práticas jurídicas atuais, é possível o encontrarmos nas escolas, cotidianamente presente nas inculcações e esforços no recolhimento de provas e respaldos dos professores. Como já mencionado anteriormente no decorrer do trabalho, esta produção de provas é vivida de maneira absolu-tamente adoecedora pelos profissionais professores.

Após este afastamento, teriam sido abertos dois processos contra a servidora. Um deles, que neste momento já está finalizado, utilizou-se de normas estabelecidas pelo Estatuto do Servidores do Município do Rio de Janeiro (1979), mais precisamente sobre o 168º que determina:

> **É proibido ao servidor referir-se de modo depreciativo** em informação, parecer ou despacho, às autoridades e a atos da **Administração Pública**, podendo, porém, em trabalho assinado, criticá-lo do ponto de vista doutrinário ou de orga-nização de serviço.

A professora aponta que esta proibição de crítica em relação ao poder executivo é perfeitamente inteligível para uma legislação promulgada nos anos da ditadura militar:

---

[73] As salas de recursos recebem alunos com deficiência física ou mental. Os professores que atuam nestas salas recebem um treinamento especial, desenvolvido pelo Instituto Helena Antipoff. Mais informações em: http://www.rio.rj.gov.br/web/guest/exibeconteudo?id=7443379. Acesso em: 13 maio 2019.

127

> *Esse Estatuto foi decretado durante a ditadura militar, mas depois dele tivemos a Constituição Federal de 1988, a LDB e as leis de diretrizes e bases da educação que asseguram o direito de manifestação dos professores que não foram mencionados nem serviram para o processo, este Estatuto tinha o objetivo de silenciar os funcionários na ditadura. Infelizmente atualmente estamos revivendo esta situação de silenciamento ignorando todas as legislações democráticas.*

É importante pontuar que a liberdade de pensamento é mencionada na Constituição Federal de 1988, em seu art. 5º, inciso IV, e é considerada como um direito fundamental. Além disso, é corroborada com o artigo 220 da Carta Magna que reza: "[a] manifestação do pensamento, a criação, a expressão e a informação, sob qualquer forma, processo ou veículo não sofrerão qualquer restrição, observado o disposto nessa Constituição". Na Lei de Diretrizes e Bases da Educação Nacional — LDB Lei Federal nº 9.394/96— encontramos o artigo IV que determina que "é livre a manifestação do pensamento, sendo vedado o anonimato".

A professora comenta que mesmo tratando-se de uma legislação retrógrada, publicada nos anos de chumbo, ela, no ano de 2017, foi punida por parâmetros estabelecidos nesta legislação, desconsiderando como já citado as leis posteriores e de maior importância legal:

> *O que espanta muito é simplesmente eles desconsiderarem a Constituição Federal e a LDB, parece que não significam nada. Fui condenada e descontada em meu salário, recebendo falta e suspensão por ter criticado o poder executivo.*
>
> *Atualmente o SEPE entrou com um processo judicial, mas ainda está em trâmite.*

Após estas situações, a professora relata que sofreu de problemas psiquiátricos e psicológicos, tendo sido afastada pela perícia médica. A professora iniciou um tratamento psicológico em um núcleo de assistência de pessoas violentadas pelo Estado (NAPAVE). Ainda afirma que seu caso foi *"reconhecido pela ONU como um caso de perseguição política, existe um grupo do NAPAVE composto de pessoas que estão nesta situação, fazemos um grupo terapêutico".*

A professora afirmou que nunca tinha sofrido de nenhum transtorno psicológico e psiquiátrico antes de passar por esta situação e que ainda tem medo de estar nas escolas:

A PRODUÇÃO DE SUBJETIVIDADE DOCENTE E O ADOECIMENTO DE PROFESSORES

> *Acho que nunca mais será como antes, me sentia segura sendo professora, atualmente está muito difícil para os profissionais da educação, parece que as pessoas não se importam mais conosco, como seres humanos. Sofremos cobranças de todos os lados, da secretaria, da direção da escola, parece que o tempo todo temos que prestar satisfação sobre o nosso trabalho.*

Segundo a professora a coletivização do acontecido pode fortalecê-la e dimensionar saídas para a situação vivenciada por ela *"se não fosse o SEPE, o grande apoio de colegas nas redes sociais e a minha psicóloga não teria conseguido lidar com o pânico e a depressão"*. Ela ainda afirma: *"hoje em dia até acho bom que isso tenha ocorrido. Não podemos ficar imóveis diante das situações graves que vivemos na escola, este processo por mais duro que tenha sido é importante para os professores sejam vistos"*.

Figura 8 – Charge argumentos coxinha (LATUFF, 2014)

5

NARRATIVAS DE PROFESSORES
NO CONTEMPORÂNEO

Se a maioria deste evento trabalha na saúde isso tem que ser dito!
Não só os alunos precisam de ajuda, nós também estamos precisando muito, tem muito
professor que não está aguentando.
(Professora de ensino médio em 14 de novembro de 2018)

Em novembro de 2018, participei de um evento multidisciplinar convocado pela Secretaria Municipal de Saúde do Rio de Janeiro, intitulado: "Tecendo a rede para a promoção da solidariedade: a articulação intra e intersetorial na prevenção das violências em debate", representando a Secretaria de Educação. A proposta da minha mesa era de comentar um esquete encenado por jovens de um projeto denominado Rap da Saúde[74].

Na encenação discutia-se a questão do suicídio entre jovens, preocupação cada vez maior entre os profissionais de saúde, educação e demais secretarias. O objetivo dos organizadores do evento era pautar o substancial aumento das taxas de suicídio entre os adolescentes e jovens, assim como discutir estratégias de prevenção deste fenômeno. Esta constatação tem impulsionado inúmeras ações intersetoriais e muitos debates sobre o tema.

O esquete remontava uma situação que, segundo os organizadores, fora baseada em fatos. Conta que um jovem foi fotografado beijando outro jovem, ambos adolescentes, tendo sido fotografados por outro colega que presenciou a cena. A foto do beijo teria circulado nos meios digitais e nas redes sociais causando desconforto e extrema preocupação por parte de um dos adolescentes flagrado. Seguindo a dramatização, ele foi humilhado por colegas, por sua família e teria buscado apoio nos professores e direção de

---

[74] O projeto Rede de Adolescentes Promotores da Saúde (Rap da Saúde) pretende fortalecer a percepção dos adolescentes e jovens de comunidades protagonistas de ações de promoção da saúde desenvolvidas em parceria com as unidades de saúde. Disponível em: http://smsrio.org/revista/index.php/rapdasaude/article/view/580. Acesso em: 21 jul. 2019.

sua escola. Na peça a diretora então que decide telefonar para o celular da mãe do aluno, contando o ocorrido de uma maneira violenta, brusca e sem cuidado algum com os envolvidos.

Em uma das últimas cenas, o jovem teria sido agredido por seus colegas. A diretora da escola ciente da situação teria exigido que os jovens não comentassem mais sobre o assunto, dizendo ao adolescente que teve a imagem exposta que *"a vida seria assim mesmo e que ele teria que se acostumar com a situação"*, mais uma vez demonstrando ausência de cuidado ou aco-lhimento. Na encenação o jovem chega a clamar pelo apoio da direção da escola que responde de maneira ríspida e agressiva.

Cabe também mencionar que o adolescente também busca o apoio de sua família, mas novamente é recebido com violência pela mãe e é até agredido por seu pai. O adolescente que posteriormente cometeu suicídio, possivelmente por conta deste terrível desencadeamento de situações, teria buscado apoio de seus amigos, de sua família e por fim na escola que teve uma abordagem violenta, ignorando o sofrimento do adolescente.

Esta peça foi desenvolvida por alunos das escolas pública municipais em parceria com os profissionais da saúde. Muito nitidamente percebemos a crítica, queixa de falta de interesse e até podemos colocar falta de sensi-bilidade/humanidade que a diretora da escola foi caracterizada na peça. As queixas em relação às condutas de professores são comumente recebidas pelas equipes de psicólogos na educação, tradicionalmente oriundos de prá-ticas ligadas à saúde. Recebemos queixas de professores dos mais diferentes profissionais, incluindo médicos, conselheiros tutelares, diretores e até mesmo de próprios professores, confirmando que "a força da subjetividade capitalística é que ela se produz tanto no nível dos opressores quanto dos oprimidos" (GUATTARI; ROLNIK, 1996, p. 44).

Ao ver a encenação, fiquei absolutamente impactada. Na peça o ado-lescente se suicida possivelmente porque ninguém foi capaz de acolhê-lo. Fui preparada para apresentar alguns trabalhos que desenvolvemos na educação com a temática do suicídio. As abordagens privilegiam propostas e narrativas pedagógicas para estas situações, discussões promovidas por professores em alguns grupos de alunos. Mudei minha apresentação após ver este esquete, decidindo problematizar a situação exposta.

Independentemente de a situação dramatizada ter ocorrido ou não, a encenação teria sido muito dura com a escola e com a família do adolescente, parecendo que apenas profissionais psicólogos ou médicos, devidamente capacitados, poderiam oferecer suporte e apoio àquele aluno. Na composição da mesa, havia outros profissionais médicos e psicólogos que também foram absolutamente taxativos, principalmente com a conduta da direção da escola: *"impressionante a falta de sensibilidade nas escolas atualmente"*; *"esta diretora deveria ser responsabilizada por sua ação"*; *"sabemos que o município está restringindo demais o atendimento, mas o certo seria cada escola ter pelo menos um profissional de saúde"*. Conforme afirmado por Coimbra e Leitão:

> Dentre os diferentes dispositivos produzidos pelo sistema capitalista, por exemplo, ressaltamos a divisão social do trabalho, que irá instituir e naturalizar dois territórios muito bem definidos. O primeiro, o do saber-poder, é identificado como o lugar da competência, do conhecimento/reconhecimento, da verdade, dos modelos, da autoridade, do discernimento, da legitimidade e adequação de certos modos de ser. O segundo, o do não saber, o da falta, caracterizado como território da exclusão, visto ser desqualificado, condenado, segregado, considerado, até mesmo, como danoso e perigoso – o campo do desvio – necessitando sistematicamente ser acompanhado, tutelado, monitorado e controlado. (COIMBRA; LEITÃO, 2003, p. 8).

Após a exposição do esquete, cabia aos profissionais que ali estavam a comentar a situação a partir de seus olhares, de seus saberes, intimamente ligados a práticas médicas, percebidas como neutras e objetivas, tratavam de analisar a situação. Eu inclusive estava ali para também ocupar este lugar, já que mesmo como representante de uma Secretaria de Educação, também sou psicóloga.

É importante pontuar que uma das falas mencionava que o professor ao se deparar com uma situação como essa deveria *"fazer o encaminhamento rapidamente para um equipamento de saúde e evitar alguma intervenção desastrosa"*. Esta observação me levou a problematizar junto com os outros profissionais os rumos que estavam tomando nossas direções de trabalho, já que, de todos ali reunidos, nenhum deles costuma ser constantemente questionado acerca de sua própria prática. Embora haja médicos, psicólogos e enfermeiros que cometem condutas questionáveis, tais como diagnósticos precipitados e omissão de cuidado com os usuários nos diferentes serviços, estes profissionais não são alvo de filmagens ou denúncias constantes, como o professor está sujeito na atualidade.

Também pude sinalizar aos outros colegas o incentivo de uma produção que remete à incapacidade e à necessidade de controle das práticas dos professores. Foi importante mencionar que isto está acontecendo de maneira muito destacada em nosso contexto contemporâneo. Temos que observar estes movimentos se quisermos prestar algum cuidado efetivo à comunidade que atendemos, como também ter um acolhimento e escuta diferenciada para os professores que lidam com movimentos de demolição em seu cotidiano e muitas vezes adoecem.

Ao dar certa visibilidade à questão problematizada nesta tese, alguns poucos professores ali presentes naquele evento puderam testemunhar sentimentos narrados: *"poxa que importante alguém se preocupar com o professor, na maioria das vezes infelizmente só ficamos com a crítica".* Esta experiência foi uma espécie de confirmação da necessidade do prosseguimento deste livro. Após a fala, duas professoras da plateia se manifestaram não me pareceu por corporativismo, mas para reforçar o que foi dito naquela intervenção e pontuar que elas também precisam ser acolhidas. Uma disse: *"em nenhum outro momento fomos tão desvalorizadas, tão recriminadas, também precisamos de cuidado. Se a maioria deste evento trabalha na saúde isso tem que ser dito: não só os alunos precisam de ajuda, nós também estamos precisando muito".*

Pode ser que o professor agora, em especial neste momento de fortalecimento dos processos de controle e adestramento do espaço escolar, possa estar recolhendo os efeitos dos processos de judicialização do espaço escolar (FELICIO, 2014; MARAFON, 2017; NASCIMENTO, 2013), tornando-se um dos mais destacados elementos de suspeita de suas ações, que seriam ao olhar de seus algozes taxados como incapazes, pouco efetivos e com ressalvas.

5.1 Intervenção e desterritorialização[75]

> *A reação catastrófica, que no homem se manifesta como angústia, não seria o fim, porém condição para um novo começo.*
>
> *(Tosquelles)*

---

[75] O conceito *desterritorialização* é um neologismo surgido no Anti-Édipo. Pode ser compreendido como um sinônimo de *decodificação, deixar o território* (em seu sentido existencial): que relação com o estranho, que proximidade do caos suporta o território? Qual é seu grau de fechamento ou, ao contrário, de permeabilidade (crivo) ao fora (linhas de fuga, pontas de desterritorialização)? Na desterritorialização relativa, é possível se reterritorializar de outra forma; e uma desterritorialização absoluta, que equivale a viver sobre uma linha abstrata ou de fuga (se devir não é mudar, em contrapartida toda mudança envolve um devir que, aprendido como tal, nos subtrai à influência da reterritorialização) (ZOURABICHVILI, 2004, p. 154).

Nas entrevistas que fiz com professores, considerando aqueles que vivenciaram processos de perseguição e censura nas escolas, foi muito comum encontrar um desfecho deste processo permeado pelo aparecimento de problemas na saúde mental destes profissionais. Das muitas entrevistas que realizei com profissionais que estavam passando por questões de judicialização, perseguição e/ou censura nas escolas, a grande maioria tinha desenvolvido algum processo interpretado como adoecimento psicológico e/ou psiquiátrico.

É inegável o processo de medicalização da vida[76] na atualidade, mas algo no adoecimento dos professores esboçava o esgotamento destes profissionais de forma muito nítida. Diante de tantos processos de demolição da subjetividade docente, que denunciam o sucateamento da escola, a constante desqualificação do lugar do professor, a hipervigilância do que é dito nas salas de aula, entre outras tantas situações terríveis, como um profissional passaria incólume por circunstâncias tão constantes?

Quando entrevistei a primeira professora que enunciou esta situação, presenciei um relato de verdadeiro esfacelamento de uma realidade. De certa maneira aquele encontro me fez olhar a situação dos professores por outro foco. É importante relatar que as histórias de adoecimento estavam presentes em profissionais que se destacavam pelo seu envolvimento afetivo e emocional com a escola, demonstrando que cuidar do outro não necessariamente é cuidar de si:

> Quando não conseguia mais ir trabalhar, quando eu não consegui mais ficar no ônibus, me deu um desespero. Pensei: o que vou fazer da minha vida? Como meus alunos ficariam sem professor no projeto?

> Achava que estava contribuindo para a formação destes adolescentes. Isso coloca o lugar de professor desenvolvendo uma tarefa especial.

> A história que eu não sou uma professora comprometida e responsável é uma tentativa de me constranger, me denegrir, sou professora de projeto, trabalho com crianças especiais, ninguém é professor de projeto sendo um irresponsável.

> O professor tem que parar de romantizar a escola. Achamos que exercemos um ofício imprescindível para a sociedade, mas a gente se pergunta se as pessoas querem isso mesmo, será que hoje em dia cabe o lugar do professor? Ou querem que máquinas sem opinião possam ensinar as crianças?

---

[76] O processo de medicalização nas escolas foi mais bem apresentado no subcapítulo 1.6: "Processos de individualização: alunos e professores".

Tudo que vivi na escola foi um efeito do que eu acho que tem que ser o lugar de professor. O custo que paguei foi alto, mas não é possível ensinar de outra maneira, a perseguição do professor de esquerda é um absurdo.

O ambiente bélico e de supervigilância que se tornou a escola estaria levando os professores ao adoecimento? Seriam estas morbidades incapacidades particulares destes sujeitos? Acredito que estes processos não podem estar apenas interiorizados, individualmente, nestes inúmeros profissionais que o apresentam, mas seriam efeitos ou resultados de toda a demolição que atravessa a vida dos docentes. A experiência de controle, judicialização, precarização do espaço escolar está se tornando insuportável para os profissionais que lá estão.

Na situação relatada na apresentação desta obra[77], podemos encontrar muitas nuances deste processo, por isso neste capítulo ela nos serve como um analisador[78] dos processos que impulsionam desfechos medicalizantes e individualizantes das situações vivenciadas por estes profissionais que sucumbem ao adoecimento. Quando encontrei a professora que protagonizou a situação, ela me pareceu medicada, e de fato ocorreu uma contenção química de seu sofrimento. A pedido dos seus alunos que, ao saberem que sou psicóloga, pediram para eu *"ajudar a professora"*, havia um clamor por uma intervenção. Também me chamou atenção que mesmo os alunos que estavam tão envolvidos na ocupação teriam demonstrado preocupação com esta professora.

No decorrer da primeira entrevista, a professora relatou que fazia um tratamento psicológico que visava a *"sua plena recuperação"*. E que nele ela era *"ensinada a fazer exercícios para controlar a ansiedade e as crises de pânico"*. Quando perguntei o que ela queria do tratamento, ela me disse: *"quero voltar ao que eu era antes. Antes dessa história toda não sabia que existia 'o psicológico' e que eu podia adoecer por conta dele. Ele consegue me paralisar!"*.

Não cabe aqui analisar os objetivos deste ou de qualquer outro tratamento psicológico, mas neste caso sobrevém uma diferença que é minimamente

---

[77] A situação que me refiro foi mencionada na apresentação do livro, em que uma professora da Seerj responde a um processo criminal impetrado por uma família por ter se referido ao seu aluno adolescente pelo termo "coxinha". Realizei duas entrevistas com a profissional, a primeira realizada em 10 de junho de 2016 e a segunda em 20 de agosto de 2017.

[78] O conceito de analisador acaba com o trabalho de interpretação e com o discurso explicativo; o analisador fornece os materiais para a análise e faz o trabalho de análise, ele desconstrói as relações sociais institucionalizadas, portador e produtor de sentido para a sociedade (LOURAU, 1993).

fundamental: a terapia que a professora estava realizando tinha o objetivo de utilizar a técnica psicológica para acabar\cessar\suprimir os mal-estares que surgiram a partir das inúmeras violências e intervenções de controle. A lógica construída aparece equivocada, devendo o sintoma ser contido. Será que diante de tantas perseguições e situações-limite o esperado seria eliminar os desconfortos e retornar a uma situação anterior? Seria possível passar incólume por tudo que a professora vivenciava? Até onde podemos suportar tantos processos de demolição acontecendo de maneira concomitante em nosso cotidiano?

Será que a crise pode inaugurar uma possibilidade de o professor questionar seu modo de vida e suas relações na escola? Ela pode ser tomada como um sinal de alerta e possibilitar um novo olhar que obriga o sujeito a questionar seus funcionamentos cotidianos e os inúmeros ambientes e trocas afetivas que ele está investido?

A professora contou que restavam poucas sessões com a psicóloga. A terapia contava com apenas 15 sessões autorizadas pelo plano de saúde. Disse que fazia uma série de exercícios de respiração e que *segura a onda das crises, o importante é parar de ter estas sensações*. Esta lógica de supressão ou tentativa de aniquilação dos sintomas ou desconfortos foi mencionada em outras entrevistas, com outros profissionais, mas especialmente neste encontro esteve destacadamente presente.

Neste momento me vi em uma situação extremamente complicada, mas resolvi fazer uma aposta ética. Disse que ela poderia beneficiar-se da terapia como uma forma de lidar com os mal-estares, mas que precisava compreendê-los como indícios e que talvez estivesse precisando passar por mudanças. Coloquei que mesmo que ela desenvolva certo controle das situações de ansiedade, os mecanismos que a desencadearam, as precariedades e vigilâncias a que ela foi exposta continuarão presentes na vida da entrevistada.

Em *Análise terminável e interminável*, uma das últimas obras de Freud (2010 a) a clínica analítica diante da "impossibilidade de satisfação pulsional" descreve limites e impossibilidades na eliminação dos sintomas e da neurose. A longa duração de certas análises, a prevenção de futuros conflitos e a questão da cura são analisadas. Neste momento o autor expõe a vital importância de considerar a crise e sua manifestação como imprescindíveis para o tratamento, sendo "o sintoma um dos mais importantes componentes a serem considerados no processo analítico, não apenas como uma mera comorbidade, mas como um vital e importante processo a ser considerado" (p. 146).

Freud (2010 b) observa a partir do atendimento de Schreber: "o que tomamos como produção mórbida, a formação do delírio é na realidade uma tentativa de cura, a reconstrução" (p. 81). Desconstruindo a exclusividade da noção de morbidade do delírio, que seria uma das mais peculiares manifestações sintomáticas, Freud (2010b) a partir de seu trabalho, menciona a importância de os sintomas serem considerados nas abordagens psicanalíticas, opondo-se à ideia de repressão e extinção destes como objetivo do tratamento.

Podemos entender as crises como pistas, encarando-as de muitas maneiras, mas que elas não acabariam por si só sozinhas. O sintoma serve como um indício que a sua vida e possivelmente suas relações no seu trabalho precisavam ser transformadas, e que, mesmo diante de tantas violências, a professora poderia tecer modos de lidar com as situações. Estas situações podem ser vividas como um ponto de partida de processos de mudança, desvios, tomando um lugar de um acontecimento.

Deleuze (1974) afirma o acontecimento como anterior a nós mesmos: "minha ferida que existia em mim, nasci para encarná-la" (p. 151). O autor destaca a importância de não negarmos o que nos acontece, "querer o acontecimento". O sentido do acontecimento aqui não é análogo a um acidente, mas destaca a importância do acontecido poder destacar alguma pista imprescindível. O que é preciso é querer um sentido para o acontecimento:

> O acontecimento não é o que acontece (acidente), ele é no que acontece o puro expresso que nos dá sinal e nos espera. Segundo as três determinações precedentes, ele é o que deve ser compreendido, o que deve ser querido, o que deve ser representado no que acontece. Bouquet diz ainda: "Torna-te o homem de tuas infelicidades, aprende a encarar tua perfeição e teu brilho. Não se pode dizer nada mais, nunca se disse nada mais: tornar-se o filho de seus próprios acontecimentos e por aí renascer, refazer para si mesmo um nascimento, romper com seu nascimento na carne, não mais de suas obras, pois a própria obra não é produzida senão pelo filho do acontecimento. (DELEUZE, 1972, p. 152).

Estas experiências de adoecimento questionam os lugares e constantes vigilâncias que estes profissionais enfrentam no cotidiano. Como poderiam passar por tantas experiências terríveis e retornar ao que estavam antes de maneira insensível e automática? Estes processos de adoecimento impulsionam crises que seriam potencializadas pela situação de precarização e vigilância nas escolas, vividas intensamente por estes profissionais. Conforme analisa Pelbart (2016):

> A crise revela as forças que estavam em jogo, ou melhor, ela as redistribui, respondendo à questão: será que as coisas irão no sentido da vida ou da morte? A crise é uma espécie de decisão, não o resultado de uma série, mas antes o começo, uma origem, que cria um espaço e um tempo próprios, sem obedecer às coordenadas de um mundo objetivo [...]. (PELBART, 2016, p. 40).

Para o autor a crise poderia tomar o lugar de um acontecimento[79]. Pelbart (2016) menciona que ela poderia ser "a criação de um possível sob um fundo de impossibilidade" (p. 48). A crise então não seria o mero resultado de um processo no qual adveio o adoecimento, mas um acontecimento a partir do qual um processo poderia desencadear-se. Ele comenta mais detidamente a angústia:

> A angústia indica a possibilidade e até a eminência de uma nova individuação. Ela é sinal de que algo do existente pede para se desmachar em favor de um novo nascimento. A angústia expressa a passagem de uma individuação a outra, ela é o indício de metamorfose, e, portanto, de aniquilamento de certas estruturas e funções já caducas. (ZOURABICHVILI, 2004, p. 9).

Nesse momento ela me questionou, também repensando a sua proposta terapêutica: *"mas qual o sentido da psicologia senão acabar com os mal-estares, qual é a proposta?"*. Disse a ela que não teria que ter meta nenhuma e que não existia um modelo de sentir, e a importância é que ela construa à sua maneira seus limites e modos de lidar com as questões que ela estava vivenciando. Será que diante de tantas violências, como poderia passar ilesa por tudo isso? Embora haja muito sofrimento, este processo oferece algumas pistas que precisariam

---

[79] Zourabichvili (2004) comenta o conceito de acontecimento a partir de trechos da obra de Deleuze: "[e]ntão não se perguntará qual o sentido de um acontecimento: o acontecimento é o próprio sentido. O acontecimento pertence essencialmente à linguagem, mantém uma relação essencial com a linguagem; mas a linguagem é o que se diz das coisas" (p. 34). "Em todo acontecimento, há de fato o momento presente da efetuação, aquele em que o acontecimento se encarna em um estado de coisas, um indivíduo, uma pessoa, aquele que é designado quando se diz: pronto, chegou a hora; e o futuro e o passado do acontecimento só são julgados em função desse presente definitivo, do ponto de vista daquele que o encarna. Mas há, por outro lado, o futuro e o passado do acontecimento tomado em si mesmo, que esquiva todo presente porque está livre das limitações de um estado de coisas, sendo impessoal e pré-individual, neutro, nem geral nem particular, eventum tantum...; ou antes que não tem outro presente senão o do instante móvel que o representa, sempre desdobrado em passado-futuro, formando o que convém chamar de contra-efetuação". (p. 7).

ser investigadas, e que apenas fazer exercícios para silenciar os mal-estares não teria um efeito consistente e tampouco um objetivo duradouro.

Neste encontro com a professora, ressaltei a importância de construir saídas para aquela situação e que o tratamento psicológico poderia ajudá-la nesta tarefa, era necessário viver e construir outro modo de lidar com aquela experiência. Ao final do encontro, ela me disse que a entrevista a tinha feito muito bem: *"acho que falar com você foi muito bom, desabafar, parece que isso tudo está engasgado na minha garganta, talvez haja mesmo um sentido nisso tudo, nunca pensei em passar por isso como professora".*

Apesar de seu psiquiatra ter feito uma recomendação muito concreta: *"ele me disse que só serviria para o meu caso um psicólogo da terapia cognitivo comportamental",* ela relatou uma confiança naquela entrevista e repensou seu posicionamento diante de todo o seu processo de adoecimento: *"realmente se pensar desta maneira a doença foi até uma coisa boa, pelo menos pude me afastar daquele ambiente adoecido e enlouquecedor, tinha que parar".*

Antes de terminar o livro, reencontrei a professora, ela pôde procurar uma terapia que não delimitasse o número de sessões[80] nem preestabelecesse um objetivo:

> *Logo depois que acabaram as sessões eu continuava a sentir o desconforto, ainda não conseguia trabalhar, tinha vontade de sair correndo e ficava muito tensa porque tinha medo de transparecer que estava frágil na frente de todo mundo.*
>
> *Uma vez alguns alunos foram debater uma questão da prova, eu tive uma crise de pânico e saí literalmente correndo da escola, não aguentava mais conflitos com alunos ou situações que pudessem gerar algum problema.*

Ela então compreendeu que apenas os exercícios para o controle da ansiedade não eram suficientes para as suas questões.

Ao invés de solicitar mais sessões programadas na terapeuta anterior:

> *Me lembrei do que conversamos naquele dia e resolvi fazer dife-rente, fui procurar uma amiga que me indicou a minha psicóloga. Muito interessante que ela também disse que aquilo tudo que eu estava sentindo na verdade foi uma oportunidade para que eu me reposicionasse diante da vida.*

---

[80] A professora disse que seu plano de saúde oferecia um total de 15 sessões psicoterápicas e que a proposta dos encontros tinha o foco preestabelecido para surtir efeitos neste enquadramento.

Naquele encontro já não estavam mais presentes o choro e a narrativa que se desesperava diante dos sintomas: *"agora posso lidar com as sensações, isso faz parte da vida".* Pude notar como ela tinha construído uma outra forma de estar na escola. E que ela retomou sua vida, mas de uma maneira diferente. Essa maneira teria sido *"construída passo a passo no meu tratamento, e isso serve pra mim de uma maneira muito importante".*

Outro elemento fundamental na narrativa dos professores que atravessam estes impasses é a constante reivindicação de um lugar docente que fora perdido ou transformado. É importante ressaltar que a grande maioria dos professores que relatam tamanho saudosismo possivelmente não chegou nem a presenciar a "época áurea da educação" ou pelo menos já vivenciam há tempos a precarização das escolas:

> *O professor se encontra no pior lugar dos últimos anos, realmente a educação está no fundo do poço.*

> *Não me formei para viver isso, não podemos nos manifestar, fazer greve sem a polícia nos atacar como se fôssemos bandidos. Me pergunto o que aconteceu com o lugar do professor em nosso cotidiano.*

Remontando a noção deleuziana de acontecimento (DELEUZE, 1974), encontramos algumas pistas para analisar estes apontamentos tão comuns nos grupos de professores. Não é possível querermos o que não existe. Precisamos afirmar o presente, se colocamos o passado ou o futuro contra o presente, criamos um ressentimento que não se conforma e possivelmente paralisa diante desta resignação. Os professores quando evidenciam a vontade de reviver esta "época áurea" se paralisam diante das novas circunstâncias e resignam-se a uma situação que parece incontornável e que só pode ser medicada ou contida.

Lima (2012) adverte que estes processos deterritorizalizantes, tais como crises e experiências de linhas de fuga, precisam ser criados e acompanhados, com o risco de se tornarem linhas de abolição ou fugas sem linhas. Segundo a autora:

> A experiência com este vazio é, por definição, muito violenta, trazendo uma enorme força desestabilizante. Diante dela conseguimos distinguir três tipos de atitudes diferentes. No primeiro criamos uma fuga sem linha, abortamos o processo de subjetivação em prol de um assujeitamento [...]. No segundo, e pior entre as hipóteses, a partir de uma fuga sem linha,

> criamos uma linha de abolição, que em alguma proporção traz à tona um processo de aniquilamento, de destruição de si e/ou do outro e/ou de um mundo. No terceiro criamos e seguimos a linha de fuga, por meio de uma prática de cuidado; um tempo de cuidado com o tempo [...] uma atenção as práticas de si que direcionam uma estética da existência. (LIMA, 2012, p. 142).

Talvez a professora estivesse próxima dos primeiros dois tipos de atitudes descritas por Lima (2012), primeiro nas tentativas da psicóloga que ensinava a controlar suas crises e depois por tentar retornar à escola como se nada tivesse acontecido ou querendo regressar a um estágio anterior onde ela *"desconhecia o que era psicológico"*. A proposta de seguir a linha de fuga visa construir outro modo de encarar a crise para além do silenciamento. Além disso é muito importante que haja a possibilidade de problematizar os processos individualizantes com estes professores que adoecem. Muitos deles relatam seus problemas culpabilizando a si mesmos de terem adoecido:

> *Talvez se eu me envolvesse menos na escola não teria ficado doente. Tenho muitos colegas que apenas dão a aula e saem sem se afetar, colocam a matéria no quadro e não sabem nem o nome dos alunos, eles não sentem mais nada.*

> *Tive a oportunidade de sair da escola, mas perdi, pensava na minha relação com meus alunos, adorava dar aula lá, estava envolvida e não sabia que essa situação chegaria a este ponto.*

> *Às vezes tento localizar quando comecei a sentir falta de ar na escola e não consigo. Lembro de estar no carro voltando para casa e achar que estava muito cansada, um jeito de passar mal estranho, achei depois que deveria ser algo no coração ou na pressão. Demorei para saber do que se tratava.*

Os professores que sucumbiram diante deste processo de opressão, silenciamento e censura nas escolas relatam uma importante relação afetiva com o espaço escolar e com os alunos que lá estão. Então podemos entender que o programa Escola sem Partido e todas as outras tentativas judicializantes de ataque à educação, na verdade, quererem incentivar vínculos escassos? As relações escolares deveriam ser marcadas pela indiferença? Seria este o objetivo desta nova modalidade de educação? Seria possível cuidar dos alunos e do coletivo da escola neste ambiente tão violento?

Foucault (2004) afirma que o cuidado de si é anterior ao cuidado do outro. Em a hermenêutica do sujeito, de 1982, o autor estava interessado em compreender como o cuidado de si foi sendo reduzido e desqualificado ao longo do tempo a partir da genealogia de uma noção grega complexa e rica, a *epiméleia heautôu*. No entanto, ela foi evitada pela própria filosofia, que a apresentou seguindo a noção de *gnôthi seautón*, ou "conhece a ti mesmo". Esta substituição leva o atento autor a remontar que, na verdade, o *gnôthi seautón* estava na Grécia antiga sempre relacionado e de certa maneira subordinado ao *epiméleia heautôu*. O que significava que o conhecimento de si era uma consequência de um cuidado de si e não uma condição para este.

A *epiméleia heautôu* congrega tanto um movimento de reflexão quanto da ação, sendo definida pelo autor como um *ethos*, uma atitude, "um certo modo de encarar as coisas, de estar no mundo, de praticar ações, de ter relações com o outro. A *epiméleia heautôu* é uma atitude - para consigo, para com os outros, para com o mundo" (FOUCAULT, 2004, p. 14). Nesta forma de encarar o mundo, a atenção também se volta para o nosso próprio pensamento, de olharmos para nós mesmos. César (2008), a partir de suas análises do conceito de Foucault, comenta que:

> É preciso cuidar de si, enquanto se é sujeito das relações, sujeito da ação, sujeito de atitudes, enquanto se é produzido como um modo de viver. Há aqui a afirmação do sujeito como subjetivação, não sendo algo em si mesmo, mas que só se constitui processualmente como "sujeito de", ou na "na relação com". (CÈSAR, 2008, p. 60-61)

Nesta desqualificação da *epiméleia heautôu* na sociedade ocidental, "parece haver, para nós, alguma coisa um tanto quanto perturbadora no princípio do cuidado de si" (FOUCAULT, 2004, p. 16). O autor comenta que na sociedade moderna esse *ethos* se converteu a uma espécie de renúncia de si, de uma obrigação para com a coletividade, como se tivéssemos que agir como o esperado, em prol de um bem-estar comum, seguindo padrões estabelecidos, uma espécie de forma moderna que obriga a esta devoção aos outros.

Foucault (2004) localiza estas transformações na transição da espiritualidade para o pensamento teológico, sendo estes vivenciados de forma paradoxal. Na prática da espiritualidade, é necessário que o sujeito se transforme por meio de um trabalho de si, para ter um "retorno da verdade". Este cuidado de si vai designar algumas condições espirituais ou um conjunto de transformações de si que permitam ao sujeito o acesso a esta verdade. Em contrapartida no pensamento teológico:

> [...] ao adotar uma reflexão racional fundante, a partir do cristianismo, é claro, uma fé cuja vocação é universal, fundava ao mesmo tempo, o princípio de um sujeito cognoscente em geral [...] que encontrava em Deus, a um tempo, seu modelo, seu ponto de realização absoluto, seu mais alto grau de perfeição e, simultaneamente, seu Criador, assim como, por consequência, seu modelo. (FOUCAULT, 2004, p. 36)

Este processo prescreve certas condições que já estariam preestabelecidas, e os sujeitos teriam que acessar este já trilhado caminho por meio da fé e do conhecimento, regras e "condições formais, condições objetivas, regras formais do método, estrutura do objeto a conhecer" (FOUCAULT, 2004, p. 22). Estas não teriam tanta relação com a transformação ou com a subjetivação, o que seria privilegiado na noção da *epiméleia heautôu*.

Na pesquisa das transformações do cuidado de si, o autor identifica algumas mudanças fundamentais. No período platônico socrático, vemos a ligação entre o cuidado de si e o governo dos outros, sendo indispensável a prática de cuidado consigo mesmo, o saber, a *tékhne*. No período helenístico o autor coloca a expansão do cuidado de si, destacando a educação e outras mudanças sociais que fizeram este cuidado expandir-se para todas as classes sociais e por toda a vida. Durante o período cristão, o autor comenta o que ele chama de uma "extinção do cuidado de si" a partir da exaltação do conhecimento de si. Nestes diferentes períodos podemos perceber a relação entre o cuidado de si e o cuidado do outro, mas em diferentes relações.

Conforme levantado por Foucault (2004), o período helenístico oferece importantes pistas na prática do cuidado e privilegia as relações espirituais que visam um reposicionamento, uma transformação. Neste período o cuidado de si apresenta-se enquanto um trabalho ético: o cuidado com o corpo (dietética), com os bens (econômica) e com o amor (erótica), ganhando também a importância de uma própria criação de existência livre, uma prática de liberdade. Libertar-se do assujeitamento e na mesma medida do desejo de assujeitar o outro, dando passagem à produção de novos modos de existência, novas possibilidades de vida ou existência como obra de arte (DELEUZE, 2015).

Se o cuidado do outro se faz pelo cuidado de si, e o cuidado de si, pelo pedido do cuidado de si, talvez neste ensejo do que entendemos como "tarefa docente" ou pela própria naturalização do que seria a tarefa do professor, estes profissionais deixam de colocar a necessidade de também serem cuidados. Deve ser compartilhada a necessidade de cuidado que estes sujeitos, tão legitimados para este lugar de zelar pelo coletivo, mas que também necessitam de cuidado, dobrando esta via de mão única.

Não é possível cuidar de si numa aposta de submissão e idealização do que seria uma prática docente, num certo "romantizar" deste lugar docente. Decerto muitas características são atribuídas ao chamado "bom professor", quase messiânicas elas representam uma representação hegemônica da tarefa docente.

A crise pode ter representado uma possibilidade de muitos profissionais repensarem a forma com que estavam vivendo e investindo seu tempo. Seria indicado aos professores possibilidades de construírem um espaço de cuidado, cuidando destes sujeitos que cuidam e destacando a importância de serem também cuidados? São perguntas que pairam no ar.

5.2 Governamentalidade e cuidado de si

A escola é um direito obrigatório, estabelecido através do artigo 53º do Estatuto da Criança e do Adolescente (1990). Esta obrigatoriedade expande de modo capilar a abrangência desta instituição em todo o território nacional. Outra peculiaridade é que ela configura um significativo e obrigatório público. Esta população praticamente cativa de um tipo de institucionalização compõe — não apenas do pessoal docente e administrativo, mas principalmente professores, alunos, suas famílias e a respectiva comunidade — uma disponibilidade diária para cumprir as mais diferentes iniciativas do poder que os gerencia.

A escola configura-se como uma estratégia primordial de controle institucional, dado o enorme contingente populacional que ela abrange, com uma frequência diária e controlada (FOUCAULT, 2008a). Este aparelho é um dos mais significativos modos de controle do povo[81], antes sinônimo de descontrole e fluidez, pôde ser devidamente regulamentado e transfigurado enquanto população, muito significativamente após sua entrada no processo de escolarização. É interessante pontuar que muitas outras instituições disciplinares podem ser evitadas durante a vida de uma pessoa, mas dificilmente a escola.

---

[81] Noção Foucaultiana (FOUCAULT, 2008d) antes do estabelecimento dos aparelhamentos de poder que modificam a imprevisibilidade e fluidez de uma massa de indivíduos.

Destacamos neste trabalho as iniciativas judicializantes que adentram as escolas, criminalizando e prescrevendo condutas no ambiente escolar. Estas inúmeras iniciativas funcionam como uma importante estratégia com objetivos tecidos sob a égide da governamentalidade. Segundo Foucault:

> Por essa palavra, "governamentalidade", entendo o conjunto constituído pelas instituições, procedimentos, análises e reflexões, os cálculos e as táticas que permitem exercer essa forma bem específica, embora muito complexa, de poder que tem por alvo principal a população, por principal forma de saber a economia política e por instrumento técnico essencial os dispositivos de segurança. Em segundo lugar, por "governamentalidade" entendo a tendência, a linha de força que, em todo o Ocidente, não parou de conduzir, e desde há muito, para a preeminência desse tipo de poder que podemos chamar de "governo" sobre todos os outros – soberania, disciplina – e que trouxe, por outro lado, o desenvolvimento de toda uma série de aparelhos específicos de governo [e, outro lado], o desenvolvimento de toda uma série de saberes. (FOUCAULT, 2008a, p. 143-144).

A instituição escola, dispositivo clássico do poder disciplinar (FOUCAULT, 2008e), vem adquirindo características mais fluidas e não menos rígidas, compatíveis com outros processos de regulamentação da vida. Surgem as chamadas "tecnologias de governo da vida", que interferem no modo de "fazer viver e deixar morrer", atuando também da maneira mais capilar nos modos de vida das populações (FOUCAULT, 2008c).

É interessante observar que, mesmo com a pretensão de ser acessível e igualitária, a escola brasileira é, paradoxalmente, uma das mais importantes instituições de exclusão social. Longe de ser libertadora, democrática, inclusiva... A escola é conservadora e mantém a dominação sobre as classes pobres, como um instrumento de reforço das desigualdades sociais (FREIRE, 1994).

Os controles e vigilâncias exercidos pelas escolas de maneira capilar são lançados como parâmetros de conduta, de exercício profissional e pedagógico e colocam professores, alunos e famílias como alvos das mais diferentes intervenções. Ao que parece o judiciário aparece nas escolas como um instrumento de punição e controle das atividades, principalmente as que podem ter interesses políticos. Como podemos fugir destes controles que se enredam em nossas vidas com a pretensão de serem inclusivos e democráticos? Qual o atual panorama destas intervenções nas escolas

A PRODUÇÃO DE SUBJETIVIDADE DOCENTE E O ADOECIMENTO DE PROFESSORES

brasileiras? Quais efeitos foram produzidos a partir do adensamento destas linhas judicializantes nas escolas?

Na atualidade é absolutamente comum a ameaça de processo judicial caso os pais não estejam satisfeitos com o conteúdo das matérias, com alguma ação de um professor, o que pode gerar um protesto também alardeado nas redes sociais, gerando uma espécie de temor e medo nos professores que cada vez mais cerceiam sua criatividade e liberdade de pensamento temendo sofrer represálias legais.

No curso de 1978, Foucault referiu-se à governamentalidade como um conjunto de instituições, procedimentos, cálculos, táticas e estratégias que permitiriam o controle da população. Em 1979, o autor traz a governamentalidade como uma "maneira de condução da conduta" (FOUCAULT, 2008d, p. 258). Deslocando a arte de governar para uma lógica capilar, exercida de um indivíduo sobre o outro, por meio das chamadas "técnicas de si", estas foram descritas pelo autor:

> Permitiriam aos indivíduos efetuarem, sozinhos ou com a ajuda de outros, um certo número de operações sobre seus corpos e suas almas, seus pensamentos, suas condutas, seus modos de ser [...], certos modos de educação e de transformação dos indivíduos, na medida em que se trata não somente, evidentemente, de adquirir certas aptidões, mas também de adquirir certas atitudes. (FOUCAULT, 2008d, p. 2).

É comum que professores mencionem a necessidade de ter conhecimento de leis e que estariam sendo vigiados em suas salas de aula pelos alunos:

> *O professor hoje em dia tem que ser advogado, médico e assistente social. Se a gente da escola pede ajuda já nos recebem com pedras nas mãos. Principalmente para o Conselho Tutelar a escola está sempre errada.* (Professor de ensino médio em 10 de abril de 2019).

> *Já avisei aos alunos que se for para me filmar pela doutrinação quero que pelo menos eu esteja bem no vídeo, com uma roupa bacana, depois pode mandar para o MEC.* (Professor de ensino médio em 10 de abril de 2019).

> *Atualmente temos que ter todo o cuidado com o que dizemos na sala de aula, isso pode ser filmado e colocado contra nós em um processo administrativo, o professor é questionado em tudo que faz e tudo se volta contra nós.* (Professor de ensino fundamental em 15 de fevereiro de 2019).

Conforme descrito por Lobo (2012), as atuações judiciais não são restritas a órgãos de justiça, de cumprimento e execução exclusivas de ações da esfera judicial, mas são também de uma ordem individual, em que o registro e a culpabilização servem também para sancionar e executar punições. Nas relações escolares, em destaque pelo acirramento das linhas judicializantes nas escolas somando-se à perda de autoridade do professor, são importantes fatores que compõem a cartografia das relações escolares na atualidade.

Nota-se que o profissional que não incorpora em suas práticas o incentivo a condutas judiciais nas escolas e pauta seu trabalho a partir de práticas pedagógicas muitas vezes é criminalizado. Os professores punidos por iniciativas que censuram a atividade docente comumente estão trabalhando em seus conteúdos e suas propostas que às vezes são compreendidas como "táticas de dominação", são provenientes de situações escolares e pedagógicas comuns.

Os professores que questionam o modo de funcionamento neoliberal, consequentemente fomentando questionamentos sobre as práticas instituídas e naturalizadas, representam alguma crítica em suas práticas e não contribuem para o devido controle da população (FOUCAULT, 2008d). Esse controle agora localizaria nestes professores uma espécie de risco, já que estes profissionais podem exercer alguma dimensão crítica aos alunos, podendo disseminar as chamadas ideias politizadas que trariam narrativas pedagógicas discordantes das normas hegemônicas.

Nota-se que muitas regulações de comportamentos advêm do processo de regulamentação da vida que Foucault nomeou como governamentalidade. Mas é importante delinear algumas questões fundamentais. A primeira diz respeito ao caráter histórico do sujeito que aceita uma série de normas, critérios e medidas para as experiências. Estas normas são relações de saber e poder que estão acontecendo em determinado tempo, de forma coletiva. Mas é importante ressaltar a importância destas para a nossa subjetivação[82].

Na sociedade moderna as relações de poder foram progressivamente governamentalizadas: "elaboradas, racionalizadas e centralizadas na forma

---

[82] "O termo *subjetivação* [...] designa um processo pelo qual se obtém a constituição de um sujeito, ou, mais exatamente, de uma subjetividade. Os 'modos de subjetivação' ou 'processos de subjetivação' do ser humano correspondem, na realidade, a dois tipos de análise: de um lado os modos de objetivação que transformam os seres humanos em sujeitos – o que significa que há somente sujeitos objetivados e que os modos de subjetivação, são nesse sentido, práticas de objetivação; de outro lado a maneira pela qual a relação consigo, por meio de certo número de técnicas que permite constituir-se como sujeito da próprias existência" (REVEL, 2005, p. 82). Para Revel (2005) em *As palavras e as coisas*, Foucault utiliza a expressão para designá-la como um jogo de técnicas oriundas da governamentalidade, posteriormente o autor retoma a expressão para significa-la como um processo possível a partir das técnicas de si (REVEL, 2005, p. 83).

ou sob a caução das instituições do Estado" (FOUCAULT, 2008d, p. 293). Dessa forma, além de os poderes instituídos exercerem um controle sobre a produção das subjetivações disseminando um modelo homogêneo de existência por meio do espaço escolar, também se previne contra a proliferação de subjetividades críticas, que possam eventualmente rebelar-se contra estes padrões naturalizados. A governamentalidade captura a multiplicidade e a reduz a pares opostos.

A escola, instituição destacadamente participante da engrenagem de controle, ao incentivar uma suposta neutralidade, que não questiona normas vigentes e padrões social, persegue os que criticam um modelo hegemônico de funcionamento social, traz o incentivo a uma fabricação de uma subjetivação dócil, que efetivamente não problematiza os mecanismos de dominação e controle.

Sem estes processos de subjetivação, estaríamos em um outro tempo, em outra regulamentação, algo hipotético e especulativo, afinal como seria se vivêssemos em outras relações de saber poder? Infelizmente não é possível saber. Em *Dois ensaios sobre o sujeito e o poder*, Foucault menciona três grandes eixos de resistência, ou de lutas, na sua pesquisa sobre o sujeito. Essas forças se oporiam às formas de dominação étnicas, sociais e religiosas; outras contra as formas de exploração capitalistas que separam o indivíduo do que ele produz; e "lutas contra o assujeitamento, contra as diversas formas de subjetividade e de submissão" (FOUCAULT, 1994, p. 143). Para o autor essas lutas se articulam no decorrer dos tempos, de maneiras mais ou menos importantes, dependendo do conjunto de forças que estão mais destacadas.

Estas relações são dinâmicas, mudam e também são constituidoras dos nossos processos de subjetivação, afinal sem tais normas como seria possível uma vida coletiva? É importante ressaltar que não se trata de recusar pura e simplesmente estas normas que existem em nossa sociedade, numa tentativa de submetê-los à vontade do sujeito, mas ao mesmo tempo não se trata de aceitá-las de maneira acrítica e passiva. Mas, sempre haverá uma submissão, já que não é possível abolir totalmente estas normas, numa rebelião incessante. Por outro lado, a constante regulamentação a estes processos também é aprisionadora. Como mencionam Guattari e Rolnik:

> O modo pelo qual os indivíduos vivem essa subjetividade oscila entre dois extremos: uma relação de alienação e opressão, na qual o indivíduo se submete a subjetividade tal como a recebe, ou uma relação de expressão, e de criação, na qual o

> indivíduo se reapropria dos componentes da subjetividade, produzindo um processo que eu chamaria de singularização. (GUATTARI; ROLNIK 1996, p. 33).

Foucault (2004) menciona que o exercício de si por si, ao qual ele se refere nesta formulação, procura elaborar-se e transformar-se em um certo modo de ser, uma maneira de exercer certa prática de liberdade. É importante mencionar que ele distingue essa prática da noção de liberação que contém "o risco de remeter à ideia de que existe uma natureza ou uma essência humana que, após um certo número de processos históricos, econômicos e sociais, foi mascarada, alienada ou aprisionada em mecanismos de repressão" (p. 2).

A partir da indissociabilidade entre cuidado e liberdade, colocando em questão as normas instituídas e práticas hegemônicas, mas sem descartá-las, a dimensão política se transforma, "uma vez que ser livre não significa ser escravo de si mesmo nem de seus apetites, o que implica estabelecer consigo uma certa relação de domínio, de controle, chamada *arché* – poder e comando" (FOUCAULT, 2004, p. 270). Este movimento implicaria em um libertar-se do assujeitamento e na mesma medida descentralizar-se de si mesmo.

Embora haja todo um movimento que busca criminalizar o fazer docente partindo de padrões de neutralidade, privilegiando nas instituições educacionais relações de assujeitamento, é importante ressaltar que também podem ser criados modos de subjetivação que se constituem nas relações de poder, entre os movimentos de dominação e resistência. Estes modos de resistir a estas forças duras que adentram a educação seriam possíveis saídas, ou a produção de subjetivação que se distancia do domínio das regras das relações de saber e poder, atuando de modo facultativo, na relação com si mesmo, numa "operação que consiste em dobrar a linha do fora", seja para se proteger ou para explorar novas possibilidades de existência (DELEUZE, 1992, p. 145).

O sentido desta dobra possibilita a visão de um novo horizonte, uma necessidade de mudar a direção e experimentar o outro, a diferença. É também o que está do outro lado, escondido, sorrateiro. Lima (2012) menciona o fora como

> [...] face oculta, silenciosa, mas presente, viva e tenaz. Ela é um 'lado', ou seja, o outro lado, a outra perspectiva, o outro olhar; em uma palavra – deslocamento. A dobra é ainda o dobro, a duplicação, a proliferação dos sentidos, a multiplicidade da experiência (p. 33).

Neste sentido, o pensamento de Foucault remete a cogitarmos condições e possibilidades de novos agenciamentos, de linhas de fuga que possam resistir de alguma maneira aos mecanismos de captura dos jogos de poder, possibilidades de uma existência diferente, viabilizando novos modos de subjetivação como uma experiência possível de liberdade. Neste sentido a noção de resistência é pensada como um movimento contrário e permanente no âmbito do exercício do poder, pois como afirma Foucault: "não há relação de poder sem resistência".

Todavia, o comprometimento de professores e alunos com outra perspectiva de existência, que foge do instituído, faz com que, mesmo nesses moldes de controle atuais, seja possível atentar para possíveis brechas que se apresentarem no espaço escolar. Isso seria um modo de resistência e uma prática educativa permeada pela prática da liberdade uma possibilidade de resistência.

A educação, a partir dessas práticas anteriormente citadas, pode ser concebida como um dos modos pelo qual o sujeito pode cultivar a si mesmo. A escola não seria somente dedicada à transmissão de conhecimentos formais e tampouco seria pautada exclusivamente por objetivos externos ao sujeito e que são incentivados e valorizados pela sociedade capitalística, mas passaria a se dedicar ao processo de construção e cultivo do sujeito, afirmando seu processo de subjetivação.

Freire (1994) menciona a educação como uma das mais importantes formas de resistência e pensa o educador com a tarefa de ser um "problematizador". O autor afirma acreditar nos educandos e em seu poder criador, proporcionado, pois o diálogo a partir da realidade vivida por eles, não pretendendo transformar a realidade para o educando e sim com eles, buscando a investigação dos temas geradores, incentivando a reflexão crítica e transformações sociais por meio da educação.

Paulo Freire é um dos mais ilustres intelectuais da educação brasileira e, por trabalhar neste ambiente tão desigual e perpetrador de desigualdades, concebe como uma das tarefas mais importantes do professor a sua dimensão política de atuação visando ao fomento de uma pedagogia crítica-educativa. "Pedagogia que faça da opressão e de suas causas objeto de reflexão dos oprimidos, de que resultará o seu engajamento necessário na luta por sua libertação, em que está pedagogia se fará e refará" (FREIRE, 1994, p. 33). A educação, à luz das reflexões propostas por Freire, teria o caráter libertador e não domesticador, como o modelo tradicional da educação, ou como ele nomeia, "educação bancária", um modo de educação capaz de libertar uma certa consciência do homem das inúmeras situações de opressão, ao qual nos encontramos sujeitados no sistema capitalista, por meio da chamada "libertação de sua consciência", a proposta fomenta a constituição de um sujeito crítico e reflexivo capaz de transformar sua realidade.

A educação libertadora, por sua perspectiva crítica e educativa, pode servir como um instrumento de emancipação e demonstra sua preocupação diante da realidade vivida pelo educando, propondo intervenção prática no ambiente cotidiano escolar, de forma transformadora, considerando, a todo instante, a realidade concreta e singular de cada educando, sendo uma perspectiva sólida de uma fuga do instituído no ambiente escolar.

Muitas vezes cristalizamos as situações de submissão, precariedade e sucateamento da educação, mas a proposta de Freire, já empregada em amplos ambientes escolares, pretende produzir fissuras nestas lógicas aprisionadoras e pode transformar práticas educativas, possivelmente por isso este pensador se torna um alvo dos argumentos ultraconservadores na atualidade, demonstrando, mais uma vez, a força de seu pensamento das suas práticas no ambiente escolar.

5.3 Notas para a conclusão

Neste livro foram discutidos alguns temas muito caros para a escola contemporânea. Uma das questões mais recorrentes quando entramos em uma escola é o trabalho com os chamados "alunos problemas", mas logo depois deste pedido, vem a solicitação que façamos "algo" destinado aos professores. No nosso cotidiano escolar, estes profissionais muitas vezes se encontram entristecidos, adoecidos, desmotivados. Como estes profissionais denunciam o esfacelamento da escola pelos seus corpos e psiquismos!

Um trabalho — este não é exceção — se inicia com muitas dúvidas, apontamentos inconclusos. No início eram tantos nós e inculcações que muitas vezes me vi diante de perguntas que não eram tão fáceis de serem tecidas, de esforços, satisfação de poder tecer algumas análises. Este livro seguiu podendo montar alguns rumos ou pistas para o trabalho de psicólogos escolares, neste desafio que é abordar o tema da subjetividade docente.

O professor, esta figura essencial no ambiente escolar, vem se transformando nas relações, ocupando lugares diferentes, adoecendo diante das lógicas demolidoras de sua subjetivação. Muitas situações que são absolutamente atuais, que estão circulando e atualizando perguntas que muitas vezes não temos nem esboços de respostas ou são naturalizadas, inclusive nos ambientes que pretendem analisar suas práticas, nos tiram a possibilidade de uma intervenção capaz de analisar estes múltiplos fatores que envolvem o ambiente escolar contemporâneo.

Isso não significa que as perguntas cessaram. Mas se transformaram, entoando algumas intervenções que figuram como necessárias no campo da educação. Diante de tantos ataques, nós psicólogos, que apostamos em uma intervenção ético-política, também devemos apostar em exercícios que repensam as nossas práticas e a maneira que estamos atuando nas escolas, numa análise de implicação.

Posso dizer que, ao ouvir queixas de professores, de suas incapacidades, sua formação "insuficiente" ou mesmo seu adoecimento, não será possível negar estas análises. Muito pelo contrário, será necessário afirmá-las, já que notamos, progressivamente a importância do cuidado como elemento privilegiado deste trabalho. Não será da mesma maneira.

Ser participante deste ambiente escolar e da formação de psicólogos convoca a fomentar perguntas que não naturalizam o lugar do professor e designam o cuidado para uns ou para outros no ambiente escolar. Trata-se de afirmar a potência e importância do cuidado, conectando estas análises para uma circulação viva e que se impõe diante de tantas violências e entraves que a educação perpassa neste cotidiano de vigilância e horror.

Torna-se cada vez mais urgente que nós possamos questionar as lógicas de demolição de subjetividades disseminadas na educação brasileira, buscando desnaturalizá-las e produzir fissuras nestas engrenagens de massacre de educadores e educandos.

REFERÊNCIAS

ABERASTURY, Arminda; KNOBEL, Maurício. **Adolescência normal**: um enfoque psicanalítico. Porto Alegre: Artes Médicas, 1989.

ABREU, Vanessa Kern; IGNÁCIO FILHO, Geraldo. A Educação Moral e Cívica – doutrina, disciplina e prática educativa. **Revista HISTEDBR**, Campinas, n. 24, p. 125 –134, dez. 2006. Disponível em: http://www.histedbr.fe.unicamp.br/revista/edicoes/24/art11_24.pdf. Acesso em: 1 abr. 2019.

ALMEIDA, Antônio de Pádua; BOSCHETTI, Vânia Regina. Docentes paulistas e atuação política no período de democratização pós-ditadura militar. **Série-Estudos**: Periódico do Programa de Pós-Graduação em Educação da UCDB, Campo Grande, n. 33, p. 119-132, jan./jul. 2012. Disponível em: http://www.serie-estudos.ucdb.br/index.php/serie-estudos/article/view/79/174. Acesso em: 1 abr. 2019.

ALUNOS DESOCUPAM COLÉGIO NA ILHA DO GOVERNADOR NO RIO. Por Agência Brasil, 2016. Disponível em: http://agenciabrasil.ebc.com.br/educacao/noticia/2016-05/alunos-desocupam-colegio-na-ilha-do-governador-no-rio. Acesso em: 12 fev. 2017.

ALUNOS CONTRÁRIOS A OCUPAÇÃO DE ESCOLA MUNICIPAL INVADEM UNIDADE NA ILHA DO GOVERNADOR, 2017. Por Notícias R7. Disponível em: https://noticias.r7.com/rio-de-janeiro/cidade-alerta-rj/videos/alunos-contrarios-a-ocupacao-de-escola-municipal-invadem-unidade-na-ilha-do-governador-21022018. Acesso em: 13 fev. 2017.

ANDRADE, Carlos Drummond de. O medo. *In*: ANDRADE, Carlos Drummond de. **A rosa do povo**. São Paulo: Cia. das letras, 2012, p. 23.

ARANTES, Esther Maria; VAZ, Paulo. **O homem que se achava Napoleão: por uma história política da loucura.** Disponível em : https://doi.org/10.1590/S0103-56652013000200015. 2013.

ÁRIES, Philippe. **História Social da criança e da família**. 2. ed. Rio de Janeiro: Editora Guanabara Koogan, 1981.

BARROS, Eduardo; KASTRUP, Vírgínia. Cartografar é acompanhar processos. *In*: PASSOS, Eduardo; KASTRUP, Virgínia; ESCÓSSIA, Liliana da (org.). **Pistas do**

método da cartografia: pesquisa-intervenção e produção de subjetividade. Porto Alegre: Sulina, 2009. p. 52-75.

BARROS, Maria Elizabeth Barros de; GUEDES, Carla Ribeiro; ROZA, Mônica Maria Raphael. O apoio institucional como método de análise-intervenção no âmbito das políticas públicas de saúde: a experiência em um hospital geral. **Revista Ciência e Saúde Coletiva online**, [s. l.], 2009. Disponível em: https://www.scielosp.org/article/csc/2011.v16n12/4803-4814/. Acesso em 8 jan. 2017.

BARROS, Regina Benevides. Subjetividade Repetente. **Violência e vida escolar**: Revista semestral de Ciências Sociais e educação, [s. l.], ano 2, p. 111-129, set. 1997.

BARROS, Regina Benevides. **Grupo: a afirmação de um simulacro**. 3ª edição 2013 – Porto Alegre: Sulina. Editora da UFRGS, 2009.

BEDINELLI, Talita. A educação brasileira no centro de uma guerra ideológica. **El País Brasil**, São Paulo, 26 jun. 2016a. Política. Disponível em: https://brasil.elpais.com/brasil/2016/06/22/politica/1466631380_123983.html?id_extern%20o_rsoc=FB_CM?rel=mas%20. Acesso em: 18 out. 2016.

BEDINELLI, Talita. O professor da minha filha comparou Che Guevara a São Francisco de Assis. **El País Brasil**, São Paulo, 25 jun. 2016b. Política. Disponível em: http://brasil.elpais.com/brasil/2016/06/23/politica/1466654550_367696.html. Acesso em: 18 out. 2016.

BELLOUR, Raymond. Um devaneio moral. *In*: ESCOBAR, Carlos Henrique de (org.). **Michel Foucault**: O dossier – últimas entrevistas. Rio de Janeiro: Taurus, 1984. P.34 – 47.

BOBBIO, Norberto. **Direita e esquerda: razões e significados de uma distinção política**. São Paulo: Editora Unesp, 1995.

BOLDRINI. Angela. **Planalto e Eduardo Bolsonaro divulgam vídeo que celebra o golpe de 1964.** Disponível em: https://www1.folha.uol.com.br/poder/2019/03/planalto-e-eduardo-bolsonaro-divulgam-video-que-celebra-golpe-de-64.shtml. Acesso em: 8 abr. 2019.

BRASIL. **Lei nº 7.398, de 4 de novembro de 1985**. Lei do Grêmio livre. Brasília: Presidência da República, 1985. Disponível em: http://ubes.org.br/gremios/lei-do-gremio-livre/. Acesso em: 13 nov. 2017.

BRASIL. **Lei nº 8.069, de 13 de julho de 1990**. O Estatuto da Criança e do adolescente.

Disponível em: https://www.planalto.gov.br/ccivil_03/leis/L8069.htm. Acesso em: 13 nov. 2017.

BRASIL. **Lei nº 9.394, de 20 de dezembro de 1996**. Lei de Diretrizes e Bases da Educação Brasileira. Brasília: Presidência da República, 1996. Disponível em: http://www.planalto.gov.br/ccivil_03/LEIS/L9394.htm. Acesso em: 12 fev. 2018.

BRASIL. **Lei nº 12.612, de 13 de abril de 2012**. Nomeia Paulo Freire como patrono da educação. Brasília: Presidência da República, 2012. Disponível em: https://www2.camara.leg.br/legin/fed/lei/2012/lei-12612-13-abril-2012-612708-publicacaooriginal-135760-pl.html. Acesso em: 8 jun. 2019.

BRASIL. **Projeto de Lei 876 de 2015**. Regulamenta a realização de eventos, manifestações públicas, passeatas, comícios, shows e quaisquer outras atividades que provoquem aglomeração humana mediante prévio aviso e comunicação às autoridades que menciona, e à população. Brasília: Câmara dos Deputados, 2015. Disponível em: https://www.camara.leg.br/proposicoesWeb/fichadetramitacao?idProposicao=1050843.Acesso em: 13 fev. 2018.

BRASIL. **Projeto de Lei nº 1.411, de 24 de maio de 2011**. Descaracteriza crime a recusa, em templos religiosos, de aceitar ou efetuar cerimônias ou pessoas em desacordo com suas crenças e liturgias. Brasília: Câmara dos Deputados, 2011. Disponível em: https://www.camara.leg.br/proposicoesWeb/fichadetramitacao?idProposicao=503350. Acesso em: 13 fev. 2018.

BRASIL. **Projeto de Lei nº 7.180, de 24 de fevereiro de 2014**. Inclui entre os princípios do ensino o respeito às convicções do aluno, de seus pais ou responsáveis, dando precedência aos valores de ordem familiar sobre a educação escolar nos aspectos relacionados à educação moral, sexual e religiosa. Brasília: Câmara dos Deputados, 2014a. Disponível em: https://www.camara.leg.br/proposicoesWeb/fichadetramitacao?idProposicao=606722. Acesso em: 13 fev. 2018.

BRASIL. **Projeto de Lei nº 7.181, de 2014**. Dispõe sobre a fixação de parâmetros curriculares nacionais em lei com vigência decenal. Brasília: Câmara dos Deputados, 2014b. Disponível em: https://www.camara.leg.br/proposicoesWeb/fichadetramitacao?idProposicao=606723. Acesso em: 13 fev. 2018.

BUENO, Marina. **Entre os fios de Penélope: uma cartografia das linhas de força que se desenham no cotidiano escolar**. 2016. Tese (Doutorado em Formação Humana e Cidadania) – Programa de Pós-Graduação em Políticas Públicas e Formação Humana, Universidade do Estado do Rio de Janeiro, Rio de Janeiro, 2016.

Disponível em: http://ppfh.com.br/wp-content/uploads/2018/04/Tese-Marina.pdf. Acesso em: 23 out. 2016.

CASTRO, Edgardo. **Vocabulário de Foucault**: um percurso pelos seus temas, conceitos e autores. Tradução de Ingrid Xavier. Belo Horizonte: Autêntica. 2009.

CAPETTI, Pedro. **A cada três horas um professor da rede Municipal de ensino pede licença por problemas psicológicos.** Fonte: https://extra.globo.com/noticias/rio/a-cada-tres-horas-um-professor-da-rede-municipal-pede-licenca-por--problemas-psicologicos-23512259.html?utm_source=Facebook&utm_medium=-Social&utm_campaign=Extra. Acesso em: 14 mar. 2019.

CÉSAR, Janaína. **Processos grupais e o plano impessoal**: a grupalidade fora no grupo. 2008. Dissertação (Mestrado em Psicologia) – Universidade Federal Fluminense, 2008. Disponível em: https://pt.scribd.com/document/324410876/Processos-grupais-e-o-plano-impessoal-a-grupalidade-fora-no-grupo-Janaina--M-Cesar-pdf. Acesso em: 23 jun. 2019.

CURSO SOBRE LEIS PARA EDUCADORES. Disponível em: https://www.soniaranha.com.br/ii-encontro-paulista-sobre-judicializacao-das-relacoes-escolares/. Acesso em: 13 ago. 2016.

CHRISPINO, Álvaro. CHRISPINO, Raquel S. P. A judicialização das relações escolares e a responsabilidade civil dos educadores. **Ensaio**: aval. Pol. Públ. Educ., Rio de Janeiro, v. 16, n. 58, p. 9-30, jan./mar. 2008.

COIMBRA, Cecília Maria Bouças. As funções da instituição escolar: análise e reflexões. **Psicol. cienc. prof.**, [s. l.], v. 9, n. 3, 1989. Disponível em: http://www.scielo.br/scielo.php?script=sci_arttext&pid=S1414-98931989000300006. 1989. Acesso em: 12 jun. 2018.

COIMBRA, Cecília Maria Bouças; LEITÃO, Maria Beatriz Sá. Das essências às multiplicidades: especialismo psi e produções de subjetividades. **Psicol. Soc.**, v. 15, n. 2, dez. 2003. Disponível em: http://www.scielo.br/pdf/%0D/psoc/v15n2/a02v15n2.pdf. Acesso em: 20 jun. 2019.

COMITÊ INVISÍVEL. **Aos nossos amigos**: crise e insurreição. São Paulo: N-1 Edições, 2016.

CRPRJ & COMPSIEDUC. Comissão de Psicologia e Educação (org.). **Conversações em Psicologia e Educação**. Rio de Janeiro: Conselho Regional de Psicologia 5ª Região, 2016.

CRUZ, Sebastião Velasco e; KAYSEL, André; CODAS, Gustavo (org.). **Direita, volver!**: O retorno da direita e o ciclo político brasileiro. São Paulo: Editora Fundação Perseu Abramo, 2015.

DAZZANI, Maria Virgínia Machado *et al*. Queixa escolar: uma revisão crítica da produção científica nacional. **Revista Quadrimestral da Associação de Psicologia Educacional e Escolar**, São Paulo, v. 18, n. 3, p. 421-428, set./dez. 2014.

DELEUZE, Gilles. **A lógica do sentido**. São Paulo: Editora Perspectiva, 2015.

DELEUZE, Gilles. **Conversações**. Tradução de Peter Pál Pelbart. São Paulo: Editora 34, 1998.

DELEUZE, Gilles. **Foucault**. 1. ed. Editora Brasiliense, 2005.

DELEUZE, Gilles. Post-scriptum sobre as sociedades de controle. **Conversações**. Rio de Janeiro: Ed. 34, 1992. p. 219-226.

DELEUZE, Gilles; GUATTARI, Félix. **Mil platôs**. Tradução de Aurélio G. Neto *et al*. Rio de Janeiro: Ed. 34, 1996. v. 3.

DELEUZE, Gilles; PARNET, Claire. **Diálogos**. Tradução de José Gabriel Cunha. Lisboa, PT: Relógio D'Água, 2004.

DEPUTADA ELEITA POR PARTIDO DE BOLSONARO CRIA POLÊMICA AO PEDIR QUE ESTUDANTES DENUNCIEM PROFESSORES. Por G1 Notícias. 2018. Disponível em: https://oglobo.globo.com/sociedade/educacao/deputada-eleita-por-partido-de-bolsonaro-cria-polemica-ao-pedir-que-estudantes-denunciem-professores-23195716. Acesso em: 30 out. 2018.

DIMENSTEIN, Gilberto. Ministro recua em decisão de punir universidades por balbúrdia. 2019. https://catracalivre.com.br/colunas/dimenstein/ministro-recua-da-decisao-de-punir-universidades-por-balburdia/. Acesso em: 3 out. 2019.

DINIZ FILHO, Luis Lopes. **Por uma crítica da geografia crítica.** Ponta Grossa: Editora UEPG, 2013.

DREYFUSS, Humbert; RABINOW, Paul. **Entrevista de Michel Foucault**. 1983. Disponível em: https://pt.scribd.com/document/54455095/A-ANALITICA-DO-PODER-EM-MICHEL-FOUCAULT Acesso em: 10 fev. 2016.

ESP. Escola sem Partido. **Escola sem Partido**, 2003. Página Inicial. Disponível em: www.escolasempartido.org. Acesso em: 31 jan. 2023.

ESP. Escola sem Partido. **Escola sem partido**. sem data (2009?). Disponível em: www.escolasempartido.org. Acesso em: 31 jan. 2016.

FAUSTO, Boris. **1930 História concisa do Brasil**. 2. ed. 5. reimp. São Paulo: Editora da Universidade de São Paulo, 2012. p. 257-310.

FARIAS, Vítor. **MEC recebe 41 denúncias de coação para participação em um ato**. https://oglobo.globo.com/sociedade/mec-recebe-41-denuncias-de-suposta-coacao-para-participacao-em-ato-contra-cortes-23707204. Acesso em: 25 maio 2019.

FELICIO, Samantha. **A judicialização das relações escolares e o analisador "Ficha de comunicação dos casos suspeitos ou confirmados de violência contra crianças e adolescentes"**. 2014. Dissertação (Mestrado em Psicologia) – Universidade Federal Fluminense, Niterói, 2014.

FELICIO, Samantha; MELO, André Luís. Por que crianças e adolescentes?. *In*: RIOS, Kátia; GIVIGI, Luiz Renato (org.). **Convivências e conflitos na escola**. 1. ed. Curitiba: Appris, 2019a.

FELICIO, Samantha; MELO, André Luís. Vigiar, respaldar e responsabilizar: processos de judicialização das relações sociais na escola. *In*: RIOS, Kátia; GIVIGI, Luiz Renato (org.). **Convivências e conflitos na escola**. 1. ed. Curitiba: Appris, 2019b.

FERREIRA JÚNIOR, Amarilio; BITTAR, Marisa. A ditadura militar e a proletarização dos professores. **Revista Educ. Soc.**, Campinas, v. 27, n. 97, set./dez. 2006. Disponível em: http://www.scielo.br/scielo.php?script=sci_arttext&pid=S0101-73302006000400005. Acesso em: 14 mar. 2018.

FERREIRA JÚNIOR, Amarilio; BITTAR, Marisa. Educação e ideologia tecnocrática na ditadura militar. **Cad. Cedes**, Campinas, v. 28, n. 76, p. 333-355, set/dez. 2008. Disponível em: http://www.scielo.br/pdf/ccedes/v28n76/a04v2876. Acesso em: 7 abr. 2019.

FILHO, Ronaldo. **Conheça César Benjamin, secretário de Educação do Rio**. 2017. https://www.esquerdadiario.com.br/Conheca-Cesar-Benjamin-secretario--racista-de-Crivella-que-persegue-os-professores. Acesso em: fev. 2018.

FONSECA, M. A. **Michel Foucault e o direito**. 2. ed. São Paulo: Editora Saraiva, 2012.

FONSECA, Selva G. **Caminhos da História Ensinada**. 5. ed. Campinas: Papirus, 1993.

FOUCAULT, Michel. **A arqueologia do saber**. 7. ed. São Paulo: Editora Forense Universitária, 2008a.

FOUCAULT, Michel. **A hermenêutica do sujeito**. Rio de Janeiro: Editora Martins Fontes, 2004.

FOUCAULT, Michel. **A microfísica do poder**. Tradução de Roberto Machado. 26. ed. Rio de Janeiro: Editora Graal, 2008b.

FOUCAULT, Michel. **A verdade e as formas jurídicas**. 3. ed. Rio de Janeiro, Editora NAU, 2009.

FOUCAULT, Michel. **As palavras e as coisas**: uma arqueologia das ciências humanas. São Paulo: Martins Fontes. 1999.

FOUCAULT, Michel. **Ditos e escritos**. [*S. l.: s. n.*], 1994. v. 4.

FOUCAULT, Michel. **História da sexualidade I**: a vontade de saber. Tradução de Maria Thereza da Costa Albuquerque e J. A. Guilhon Albuquerque. Rio de Janeiro, Edições Graal, 1988.

FOUCAULT, Michel. **O Nascimento da biopolítica**. Tradução de Eduardo Brandão. São Paulo: Editora Martins Fontes, 2008c.

FOUCAULT, Michel. O sujeito e o poder. *In:* DREYFUSS, H. RABINOW. P. **Michel Foucault, uma trajetória filosófica**. Rio de Janeiro: [*s. n.*], 1995. p. 231-249.

FOUCAULT, Michel. **Segurança, território e população**. Editora Martins Fontes, Tradução Eduardo Brandão São Paulo: 2008d.

FOUCAULT, Michel. **Vigiar e punir**: o nascimento da prisão. Petrópolis: Editora Vozes, 2008e.

FOUCAULT, Michel; CARUSO, P. Entrevista "Quem é você professor Foucault". Ditos e Escritos I. 1969. Disponível em: https://pt.scribd.com/document/156918150/FOUCAULT-CARUSO-P-Quem-e-voce-professor-Foucault-Entrevista-1969-D--E-1-fr. Acesso em: 23 jan. 2016.

FUNDAÇÃO BERTELSMANN. **Democracias em análise.** Disponível em: www.rangeforecasting.org. Acesso em: 11 jun. 2018.

FREIRE, Paulo. **Pedagogia do oprimido**. 17. ed. Rio de Janeiro: Editora Paz e Terra, 1994.

FREIRE, Paulo. **Política e Educação**. 5. ed. São Paulo: Cortêz, 2001.

FRELLER, Cintia Copit. Crianças Portadoras de Queixa Escolar: Reflexões Sobre o Atendimento Psicológico. *In*: MACHADO, Adriana Marcondes; SOUZA, Marilene

Proença Rebello de (org.). **Psicologia escolar**: em busca de novos rumos. São Paulo: Casa do Psicólogo, 1997. p. 63-78.

FREUD, Sigmund. **Análise terminável e interminável**. São Paulo: Companhia das Letras, 2010 a. (Obras completas, v. 23). Obra originalmente publicada em 1937.

FREUD, Sigmund. **Observações psicanalíticas sobre um caso de paranoia relatado em autobiografia (O caso Schereber)**. São Paulo: Companhia das Letras, 2010 b. (Obras completas, v. 10).

GALINDO. Rogério. **Professora opina sobre política e é execrada no colégio Medianeira**. 2016. Disponível em: http://www.gazetadopovo.com.br/blogs/caixa-zero/professora-opina-sobre-politica-e-execrada-no-facebook-e-deixa-colegio-medianeira/. Acesso em: 11 jul. 2017.

GALLO, Silvio. (Re)pensar a educação: Foucault. **Educação & Realidade**, [*s. l.*], v. 29, n. 1, p. 79-97, jan./jun. 2004. Disponível em: http://seer.ufrgs.br/index.php/educacaoerealidade/article/view/25420/14746. Acesso em: 6 mar. 2015.

GIMENES, Camila Itikawa. **Ocupar e resistir**: entre o político e o pedagógico nas escolas ocupadas. São Paulo: Boitempo, 2016. Disponível em: https://blogda-boitempo.com.br/2016/11/02/ocupar-e-resistir-entre-opolitico-e-o-pedagogico--nas-escolas-ocupadas/ 2016. Acesso em: 10 set. 2017.

GIVIGI, Luiz Renato. **Criando outros possíveis**: psicologia e políticas públicas de educação na cidade do Rio de Janeiro. 2012. Dissertação (Mestrado em Psicologia) – Universidade Federal Fluminense, Niterói, 2012. Disponível em: https://app.uff. br/slab/uploads/2012_d_LuizRenato.pdf. Acesso em: 12 jan. 2019.

GRUPO DE TRABALHO EDUCAÇÃO E SAÚDE DO FÓRUM SOBRE MEDICALI-ZAÇÃO DA EDUCAÇÃO E SAÚDE. **Recomendações de práticas não medicalizantes para profissionais e serviços de saúde e educação**. São Paulo: Conselho Federal de Psicologia, 2015. Disponível em: https://site.cfp.org.br/wp-content/uploads/2015/06/CFP_CartilhaMedicalizacao_web-16.06.15.pdf. Acesso em: 27 dez. 2016.

GUATTARI, Félix; ROLNIK, Sueli. **Micropolítica**: cartografias do desejo. Petrópolis: Vozes, 1996.

HECKERT, Ana Lucia Coelho; ROCHA, Marisa Lopes. A maquinaria escolar e os processos de regulamentação da vida. **Psicologia e Sociedade**, [*s. l.*], v. 24, n. spe, p. 85-93, 2012.

HORNBURG, Nice. Teorias sobre currículo: uma análise para compreensão e mudança. Revista de divulgação técnico-científica do ICPG, v. 3, n. 10, jan./jun. 2007. P.61 – 74.

JANUÁRIO, Adriano *et al*. As ocupações de escolas em São Paulo (2015): autoritarismo burocrático, participação democrática e novas formas de luta social. **Fevereiro**, São Paulo, v. 9, p. 1-26, mai. 2016. Disponível em: http://www.revistafevereiro.com/pdf/9/12.pdf. Acesso em: 7 fev. 2018.

JORNAL NACIONAL. **Declarações do Ministro da Educação causam polêmica e provocam reações no Congresso.** Disponível em: https://g1.globo.com/educacao/noticia/2019/02/05/declaracoes-do-ministro-da-educacao-causam-polemica-e-provocam-reacoes-no-congresso.ghtml. Acesso em: 3 abr. 2019.

KAYSEL, André. Regressando ao Regresso: elementos para uma genealogia das direitas brasileiras. *In*: CRUZ, Sebastião Velasco e; KAYSEL, André; CODAS, Gustavo (org.). **Direita, volver!**: o retorno da direita e o ciclo político brasileiro. São Paulo: Fundação Perseu Abramo, 2015.

LATUFF, Carlos. **Sem nome.** 2011. Fonte: Disponível em: https://www.facebook.com/profile.php?id=100071117018441. Acesso em: 19 mar. 2018.

LATUFF, Carlos. **A escola e a polícia.** 2012. Fonte: Disponível em: https://www.facebook.com/profile.php?id=100071117018441. Acesso em: 19 mar. 2018.

LATUFF, Carlos. **Os professores ontem e hoje**. 2013. Fonte: Disponível em: http://www.sinproepdf.org.br/noticias/violencia-na-escola-aluno-fere-professora-em-escola-particular-na-asa-norte/. Acesso em: 6 maio 2019.

LATUFF, Carlos. **Charge argumentos Coxinha**. 2014. Fonte: Disponível em: https://www.pragmatismopolitico.com.br/2014/06/site-gera-textos-com-argumentos-coxinha.html. Acesso em: 13 ago. 2017.

LATUFF, Carlos. **Charge Volta Ditadura!.** 2017. Disponível em: http://www.tribunadaimprensasindical.com/2016/04/bolsonnaro-o-lambe-botas.html. 2016. Acesso em: 13 ago. 2017.

LATUFF, Carlos. **Charge Escola sem partido**. 2018. Disponível em://www.brasildefato.com.br/artes/2018/12/06/escola-sem-partido-promove-censura-na--sala-de-aula/. Acesso em: 12 fev. 2018.

LATUFF Carlos. **Tempos modernos nas escolas II.** 2019. Fonte: Disponível em: https://ctb.org.br/noticias/brasil/no-seu-dia-estudantes-saem-as-ruas-contra--projeto-da-escola-sem-partido/. Acesso em: 12 nov. 2019.

LARROSA, Bondía Jorge Notas sobre a experiência e o saber de experiência. **Revista Brasileira de Educação**, n. 19, p. 20-19, jan./abr. 2002.

LICENCIATURA curta *In*: MENEZES, Ebenezer Takuno de; SANTOS, Thais Helena dos. **Dicionário Interativo da Educação Brasileira**. São Paulo: Midiamix, 2002.

LIMA, Moema Carvalho. **Escola sem partido": a judicialização da educação como instrumento de mordaça pela manutenção da heteronormatividade nos espaços educacionais.** Núcleo de Gênero e Diversidade Sexual do campus Taguatinga, NUGEDIS do Instituto Federal de Educação, Ciência e Tecnologia de Brasília, IFB. 2017. Disponível em: https://www.editorarealize.com.br/revistas/enlacando/trabalhos/TRABALHO_EV072_MD1_SA37_ID1192_17072017190100.pdf. Acesso em: 12 mar. 2018.

LIMA. Fernanda Ratto. **A experiência do Cuidado de Si**: a clínica entre o cuidado do tempo e o tempo do cuidado. Rio de Janeiro: Editora da UFF, 2012.

LISPECTOR, Clarice. **A Hora da Estrela**. 9. ed. Rio de Janeiro: Nova Fronteira, 1984.

LOBO, Lilia Ferreira. A crônica escola assassinada. *In*: LOBO, Lilia Ferreira; FRANCO, Débora Augusto (org.). **Infâncias em devir**: ensaios e pesquisas. Rio de Janeiro: Editora Garamond Universitária, 2018.

LOBO, Lilia Ferreira. A expansão dos poderes judiciários. **Psicologia e Sociedade**, [*s. l.*], v. 24, n. spe, p. 25-30, 2012.

LOURAU, René. Análise Institucional e práticas de pesquisa. *In*: RODRIGUES, H. B. C. (org.). **René Lourau na UERJ**. Rio de Janeiro: Ed. Uerj, 1993.

MACHADO, A. M. (2007). **Plantão institucional: um dispositivo criador.** Em Machado, A. M., Fernandes, A.M.D., & Rocha, M.L. (Orgs.). *Novos possíveis no encontro da psicologia com a educação* (p. 117-143). São Paulo: Casa do Psicólogo.

NETO, Lauro. **Depressão retira professores da rede estadual do Rio**. Fonte: http://oglobo.globo.com/sociedade/educacao/depressao-tira-1210-professores-de-sala-da-rede-estadual-do-rio-15469366. Acesso em: 15 fev. 2015.

MARAFON, Giovanna. **Vida em judicialização**: efeito bullying como analisador. 2013. Tese (Doutorado em Psicologia) – Universidade Federal Fluminense, 2013. Disponível em: https://docplayer.com.br/19883203-Universidade-federal-flumi-nense-giovanna-marafon-vida-em-judicializacao-efeito-bullying-como-analisador.html. Acesso em: 21 fev. 2017.

MASCARENHAS, Luiza Teles. **O pesquisarCOM como ato político nas licen-ciaturas**: contribuições às práticas de ensino em psicologia. 2018. Tese (Doutorado em Psicologia) – Programa de Pós-Graduação em Psicologia, Universidade Federal

Fluminense, Niterói, 2018. Disponível em: https://app.uff.br/slab/index.php/busca/formulario_completo/1088. Acesso em: 9 abr. 2018.

MATUOKA, Ingrid. **A Educação Moral e Cívica volta à assombrar as escolas**. 2017. Disponível em: https://educacaointegral.org.br/reportagens/a-educacao-moral-e-civica-volta-a-assombrar-as-escolas/. Acesso em: 9 abr. 2018.

MEC PEDE A ESCOLAS QUE CANTEM O HINO NACIONAL E FILMEM CRIANÇAS. Por Folha de São Paulo. 2019. Disponível em https://www1.folha.uol.com.br/educacao/2019/02/mec-pede-a-escolas-para-que-cantem-o-hino-nacional-e-filmem-as-criancas.shtml. Acesso em: 10 mar. 2019.

MESTRANDA EXPOSTA POR EDUARDO BOLSONARO SOBRE LINCHAMENTO DIGITAL. Por Revista Fórum. 2019. Disponível em: https://www.revistaforum.com.br/mestranda-exposta-por-eduardo-bolsonaro-e-alvo-de-ameacas-e-linchamento-virtual/ Acesso em: 26 mar. 2019.

MONTEIRO, Ana; COIMBRA, Cecília; MENDONÇA FILHO, Manuel. Estado democrático de direito e políticas públicas: estatal é necessariamente público?. **Psicologia & Sociedade**, [s. l.], v. 18, n. 2, p. 7-12, 2006. Disponível em: http://www.scielo.br/pdf/psoc/v18n2/01.pdf. Acesso em: 21 fev. 2017.

MOREIRA, Armindo. **Professor não é educador**. São Paulo: Editora Armindo Moreira, 2001.

MINISTÉRIO PÚBLICO FEDERAL. **Recomendação Nº 22**, de 29 de outubro de 2018. Disponível em: https://www.mpf.mp.br/sc/sala-de-imprensa/docs/recomendacao-22. Acesso em: 20 dez. 2018.

NAGIB, Carlos. Professor militante. **Escola sem Partido**, [s. l.], 2017. Disponível em: http://escolasempartido.org/sindrome-de-estocolmo-categoria/647-mensagem-de-fim-de-ano-docoordenador-do-escola-sem-partido-ao-militante-disfarcado-de-professor. Acesso em: 14 set. 2017.

NARLOCK, Leandro. **O Guia do politicamente incorreto da história do Brasil.** São Paulo: Editora Leya, 2019.

NARLOCK, Leandro; TEIXEIRA, Duda. O Guia do politicamente incorreto da América Latina. São Paulo: Editora Leya, 2015.

NASCIMENTO, Maria Lívia. **Proteção e negligência**: pacificando vidas de crianças e adolescentes. Rio de Janeiro: Lamparina, 2015.

NÓVOA, António. Os Professores na Virada do Milênio: do excesso dos discursos à pobreza das práticas. **Revista Educação e Pesquisa**, São Paulo, v. 25, n. 1, p. 11-19, 1999.

Ó, Jorge Ramos do. **O governo do aluno na modernidade**. São Paulo: Editora Segmento, 2007. p. 36-45.

OCUPAÇÕES ESTUDANTIS: POR ELES MESMOS. Direção: Diego Felipe Queiroz. Produção Linhas de Fuga. São Paulo: 2016. Disponível em: https://www.youtube.com/watch?v=Fc8ImhiVWbU. Acesso em: 12 set. 2018.

ORDEM DOS ADVOGADOS DO BRASIL. **Brasil têm mais faculdades de Direito do que muitos países juntos.** Fonte:http://www.oab.org.br/noticia/20734/brasil=sozinho=tem=mais=faculdades=de=direito=que=todos=os=paises. Acesso em 10 set. 2014.

PAIXÃO, Mayara. **Ciências Humanas na mira de Bolsonaro: censura e perseguição.** Disponível em: https://www.brasildefato.com.br/2019/05/02/ciencias-humanas-na-mira-de-bolsonaro-censura-e-perseguicao-diz-especialista/. Acesso em: 13 jun. 2019.

PASSETI, Edson; AUGUSTO, Acácio. O drama da multidão e os trágicos black blocs: a busca do constituinte como destino e a ação direta. **Ecopolítica**, [s. l.], v. 9, p. 1-16, 2014.

PATTO, Maria Helena Souza. **A produção do fracasso escolar**: histórias de submissão e rebeldia. São Paulo: T. A. Queiroz, 1990.

PATTO, Maria Helena Souza. **Psicologia e ideologia**: uma introdução crítica à psicologia escolar. São Paulo: T. A. Queiroz, 1984.

PELBART, Peter Pal. **O avesso do niilismo**: Cartografias do esgotamento. São Paulo: N-1, 2016.

PENNA, Fernando de Araujo. O Escola sem Partido como chave de leitura do fenômeno educacional. *In*: FRIGOTTO, Gaudêncio (org.). **Escola "sem" Partido**: esfinge que ameaça a educação e a sociedade. Rio de Janeiro: LPP/Uerj, 2017. p. 23- 34.

PÓVOA, Kamilla. 2019. **Notícia com detalhes sobre o professor afastado de escola no RJ após atividade com charge de Bolsonaro e Trump.**

Disponível em: https://g1.globo.com/google/amp/rj/norte-fluminense/noticia/2019/03/21/professor-e-afastado-de-escola-no-rj-apos-atividade-com-charge-de-bolsonaro-e-trump-diz-secretaria.ghtml?__twitter_impression=true Acesso em: 24 mar. 2019.

PROFESSOR É AFASTADO DE ESCOLA POR CRITICAR A LEITURA DO SLOGAN DA PRESIDÊNCIA APÓS O HINO NACIONAL. 2019. Por Mídia Ninja. Disponível em: http://midianinja.org/news/professor-e-afastado-de-escola-por--criticar-a-leitura-do-slogan-da-presidencia-apos-o-hino-nacional/. Acesso em: 10 mar. 2019.

PROFESSOR É AFASTADO DE ESOLA POR CHARGE DE BOLSONARO COM TRUMP. Disponível em: https://g1.globo.com/google/amp/rj/norte-fluminense/noticia/2019/03/21/professor-e-afastado-de-escola-no-rj-apos-atividade-com--charge-de-bolsonaro-e-trump-diz-secretaria.ghtml?__twitter_impression=true. Acesso em: 24 mar. 2019.

PROFESSOR AFIRMA TER SIDO ALVO DE PERSEGUIÇÃO POLÍTICA NO INTERIOR DE SÃO PAULO. 2017. Por UOL notícias. Disponível em: http://painelacademico.uol.com.br/painel-academico/6400-demitido-sem-explica-cao-professor-afirma-ter-sido-alvo-de-perseguicao-politica-no-interior-de-sp. Acesso em: 12 jul. 2017.

PROGRAMA DAS NAÇÕES UNIDAS PARA O DESENVOLVIMENTO. **Relatórios sobre o índice de desenvolvimento humano.** (2017). https://oglobo.globo.com/economia/idh-brasil-perde-17-posicoes-no-ranking-de-bem-estar-quando-consi-derada-desigualdade-23067470. Acesso em: 15 out. 2017.

REVEL, Judith. **Foucault**: conceitos essenciais. São Paulo: Claraluz, 2005.

RIO DE JANEIRO. **Lei nº 94, de março de 1979.** Dispõe sobre o estatuto dos funcionários públicos do poder executivo do município do Rio de Janeiro e dá outras providências. Rio de Janeiro: Câmara Municipal do Rio de Janeiro, 1979. Disponível em: https://cm-rio-de-janeiro.jusbrasil.com.br/legislacao/286289/lei-94-79. Acesso em: 13 jun. 2018.

RODRIGUES, Emilio. **Somos todos Flavinha.** Disponível em: https://www.youtube.com/watch?v=Wflvemtyuyw&feature=youtu.be. Acesso em: 3 fev. 2018.

ROLNIK, Sueli. As vozes das ruas: as revoltas de junho e suas interpretações. *In*: HARVEY, David *et al.* **Cidades Rebeldes**: Passe Livre e as manifestações que tomaram as ruas no Brasil. São Paulo: Boitempo, 2013. p. 7-12.

ROMANOS, Eduardo. De Tahrir a Wall Street por la Puerta del Sol: la difusión transnacional de los movimientos sociales en perspectiva comparada. **Revista Española de Investigaciones Sociológicas**, [s. l.], n. 154, p. 103-118, abr./jun. 2016. Disponível em: http://dx.doi.org/10.5477/cis/reis.154.103. Acesso em: 31 jan. 2023.

SANTOS, Rogério Dultra dos. **Porque atacar Chico Buarque?** 2015. Disponível em: https://www.ocafezinho.com/2015/12/27/por-que-atacar-o-chico-buarque/. Acesso em: 9 abr. 2019

SOUZA, Mériti de. Fios e furos: a trama da subjetividade e a educação. **Revista Brasileira de Educação**, [s. l.], n. 26, p. 119-132, maio/ago. 2004. Disponível em: http://www.scielo.br/pdf/rbedu/n26/n26a09.pdf. Acesso em: 13 fev. 2017.

SPOSITO, Marília Pontes. **A ilusão fecunda**: a luta por educação nos movimentos populares. São Paulo: Hucitec/Edusp, 1993.

SCHOLARS AT RISK. Professores em Risco. Disponível em: https://www.scholarsatrisk.org/?s=Brazil. Acesso em: 26 mar. 2019.

THE EDUCATION FOR ALL (EFA), Global Monitoring Report. (2017). Disponível em: https://en.wikipedia.org/wiki/Education_for_All_Global_Monitoring_Report. Acesso em: 15 fev. 2019.

VARKKEY FOUNDATION. **Social perception of teaching professionals**. Disponível em: https://www.varkeyfoundation.org/media/4867/gts-index-13-11-2018.pdf. Acesso em: 30 mar. 2019.

VEIGA NETO, Alfredo. De Geometrias, Currículo e Diferenças. **Educação e Sociedade**: Dossiê Diferenças, [s. l.], v. 23, n. 79, p. 7, ago. 2002.

ZINET, Caio. Alagoas proíbe professor de opinar nas aulas; projeto similar tramita no Congresso. 2016. Disponível em: https://educacaointegral.org.br/reportagens/alagoas-proibe-professor-opinar-nas-aulas-projeto-similar-tramita-no-congresso/. Acesso em: 6 maio 2016.

ZOURABICHVILI, François. **O vocabulário de Deleuze**. Tradução André Telles. Rio de Janeiro: Ed. Unicamp, 2004.